Julius Wegeler, Julius Wegeler

Koblenz

Julius Wegeler, Julius Wegeler

Koblenz

ISBN/EAN: 9783743431904

Hergestellt in Europa, USA, Kanada, Australien, Japan

Cover: Foto ©ninafisch / pixelio.de

Manufactured and distributed by brebook publishing software (www.brebook.com)

Julius Wegeler, Julius Wegeler

Koblenz

COBLENZ IN SEINER MUNDART UND SEINEN HERVORRAGENDEN PERSÖNLICHKEITEN

Julius Wegeler

Coblenz

in seiner

Mundart

und seinen

hervorragenden Persönlichkeiten.

Von

Dr. Jul. Wegeler.

——— ·—·—· ———

Coblenz.
Druck und Verlag von Rud. Friedr. Hergt.
1876.

Vorrede.

___

Zwei frühere Arbeiten erscheinen hier vereint. Das Wörterbuch der Coblenzer Mundart fand zuerst Aufnahme in dem 14. Bande der III. Abtheilung des „Rheinischen Antiquarius", welchen der Unterzeichnete nach dem Tode von Stramberg's von S. 438 an zu vollenden übernahm. Hierbei in jeglicher Weise ge= drängt konnte dem kleinen Werke nicht die Zeit und die Sorgfalt gewidmet werden, die demselben gebührte, jetzt aber hoffentlich weniger vermißt wird.

Dem Wörterbuche schließen sich kurze Biographien berühmter Coblenzer an, welche zum größten Theil das Feuilleton der Coblenzer Zeitung vom Jahre 1865 gebracht hat. Dieselben beginnen mit einer Biographie von Stramberg's, dem einige Worte zu weihen namentlich der Verleger als ein Werk der Pietät erachtete, dem nach Möglichkeit zu entsprechen der Unterzeichnete gern versuchte. Es reihen sich an dieselbe eine Anzahl Namen hervorragender Personen, deren Geburtsort unsere Stadt gewesen. Harmlos geschrieben erwarten sie gleiche Aufnahme.

Das Ganze möge eine freundliche Gabe sein für Alle, die in Liebe und Lust unserer Stadt gedenken.

Coblenz, im October 1875.

Dr. Jul. Wegeler.

I.

Wörterbuch

der

Coblenzer Mundart.

———~~~~———

Nichts hält die Menschen so zusammen wie dieselbe Mund=
art; sie ist es, die die einzelnen Menschen=Gruppen und Familien
zu Stämmen sondert und diesen hauptsächlich den eigenthümlichen,
sie auszeichnenden Charakter aufdrückt. Denn in jeder Mundart
spricht sich ein eigenes inneres Leben aus, das, mit der Mutter=
milch eingesogen, uns stets durchdringt und nie erlöschend nach
jahrelanger Abwesenheit, im höchsten Alter, in weitester Ferne
stets die freudigsten Anklänge und Erinnerungen erweckt. „Die
wahre Heimath ist die Sprache; sie bestimmt die Sehnsucht da=
nach, und die Entfremdung vom Heimischen geht immer durch die
Sprache am schnellsten und leichtesten, wenn auch am leisesten
vor sich," sagt Wilhelm von Humboldt. Nun ist zwar die Cob=
lenzer, rheinfränkische Mundart eigentlich nur ein Mischdialect
und keineswegs ein so bestimmter, wie etwa der schwäbische oder
der rein plattdeutsche, immerhin aber zeichnet sich unsere Mund=
art durch manche Eigenthümlichkeiten, namentlich durch ihre Härte
von dem schon wenige Stunden unterhalb Coblenz beginnenden
weichen Kölnischen Dialect auffallend aus.

Wie sehr aber fängt unsere Mundart an zu verschwinden
und sich mit den verschiedenen deutschen Zungen zu verschmelzen!
Geographisch, ethnographisch und social zu Mitteldeutschland ge=
hörig, werden wir durch die politische Centralisirung Preußens
immer mehr für Norddeutschland erobert. Niemand kann ver=
kennen, welcher Umschwung in dieser Beziehung schon eingetreten,
und es unterliegt keinem Zweifel, daß in etwa 100 Jahren die
Rheinprovinz einen überwiegend preußisch=norddeutschen Charakter

haben wird. Die Wahrheit des Gesagten beweist auch unsere
Sprache: sie tritt bei weitem nicht mehr so schroff hervor, wie
dies noch vor 30—40 Jahren der Fall war; die eigenthümlichen
Worte und Bezeichnungen verschwinden, und buntscheckige Ueber=
gangsformen treten auf, die hin und her fliegen, ohne je wieder
zu einem besondern Charakter sich zu gestalten. Da möchte es
wohl an der Zeit sein, zu sammeln und zu retten, was noch
thunlich. Vorliegendes ist ein Versuch, dem zu entsprechen, ein
Versuch, der gar keine Ansprüche, am wenigsten einen solchen auf
Gelehrsamkeit macht.

Von Vorarbeiten sind zu erwähnen zuerst jene Beiträge zu
einem Trierischen Idiotikon, welche von Bleul im Coblenzer In=
telligenzblatt vom Jahre 1787 lieferte. Angeregt durch Professor
Hübner, der zu solchen Beiträgen aufgefordert, glaubte er, von
einem solchen Unternehmen wichtige und große Vortheile ver=
sprechen zu können. Seine Beiträge sind indeß sehr dürftig: es
waren nur wenige aus diesem Verzeichniß aufzunehmen, und
zwar nur solche Worte, die man jetzt schon nicht mehr kennt,
oder deren damalige Bedeutung jetzt verloren gegangen ist. Sie
sind mit v. B. bezeichnet. Außerdem sind noch anzuführen: Schmidt,
C. C. L., Westerwäldisches Idiotikon 2c., Hadamar 1800, 8., und
Kehrein, J., Volkssprache und Volkssitte im Herzogthum Nassau,
Weilburg 1862, 2 Bde., 8. Schließlich Herrn Maler W. Mayr
hierselbst für manchen Beitrag zur 2. Auflage freundlichen Dank.

Dr. Jul. Wegeler.

Abmorkse, abmucke: tödten, durch Stich, wie
eine Sau (Muck).

Abnehmen: abzehren. „Dat Abnehme han": die
Zehrung haben.

Abschrecke: kaltes Wasser in etwas Siedendes gießen,
z. B. in Butter, Oel. (S. kreitsche.)

Abstännig were: ohnmächtig, schwach, hinfällig
werden.

Absteche, den Wein: ihn aus einem Faß in ein an=
deres bringen, um den Trub, den Satz, zurück=
zulassen.

Achele: essen. „Dä kann achele!" Ebenso das Haupt=
wort Acheler: ein guter Esser. (Hebräisch: achal,
essen.)

Achter: seit; achterweil: seitdem; achterwegs:
unterwegs; achter heut und morgen: zwischen h.
u. m. Im Holländischen: achter: hinten; in die=
ser Bedeutung Achtergeschirr: Hintergeschirr der
Pferde; Achtergasse: Hintergasse.

Aebbe: eitern. „Dä Finger äbbt noh dem Quetsche!"

Aebsch: verkehrt, links. „En äbsche Kerl" macht
Alles verkehrt, linkisch. „Die äbsch Seit'" ist die
verkehrte und „die äbsch Hand" die linke.

Aetsch! ein Ausruf, wenn man Jemanden erwischt

1

hat, ihn auslacht, namentlich in Verbindung mit dem bekannten Rüben (Möhren) schaben: „Aetsch schrappe Miehrche!"

Afront: der Schimpf, die Schande. **Afrontirlich:** schimpflich. (Franz. affront.)

Ahle: eine Ecke eines Zimmers. (v. B.)

Ahnig: vor. **Ahniggestern:** vorgestern.

Ahnigherrche: der Urgroßvater, der Ahnherr, womit sowohl speciell der Urgroßvater, als überhaupt einer der Ahnen bezeichnet wird.

Ais: einst, einmal.

Aische, das: ein kleines schwärendes Talgdrüschen, eine kleine Eiterbeule.

Alért: lustig, munter. (Franz. alerte.)

Alf, die: die Albe, eine Art Weißfisch; wird meistens in Verbindung mit dem Beiwort scheel gebraucht: „en scheel Alf!" Sie liefert hauptsächlich die Schuppen zur Fabrikation der Perlen.

Allemol: alle zusammen, sämmtlich.

Alle Ritt: jeden Augenblick, oft. „Dä kimmt alle Ritt!" „Dat Kend fällt och alle Ritt!" Seltener: „Alle Gebott", von den Abtheilungen des Rosenkranzes genommen.

Alleweil: jetzt. **Allbieweil:** während.

Als, in der Bedeutung von: manchmal, zuweilen. „Ech han en als gesehn." In der Bedeutung von: schon. „Hä es als fort." Und in der Verdopplung: „Hä es als schon fort." Wie ist die Bedeutung in den Redensarten: „Wir wolle als hie bleiwe." „Wir han als eppes geschwätzt"?

Ambertche, ein: 1) etwas Ungewöhnliches, irgend eine besondere zufällige Begebenheit. „Do floge mer All ent Wasser; dat wor ä Ambertche!" 2) Ein Ständchen. „Gester Owend han mer dem Mädche ä Ambertche gebraacht!"

Ambrah: Lärm, Spektakel, Umschweife. (Franz. embarras.)

Ameslang, alle Ameslang: alle Armslang, jeden Augenblick.

Ammieh: beliebte Abkürzung des sehr gebräuchlichen Namens Anna Maria.

Ampel: eine Oellampe. Die ewige Ampel: das stets brennende Licht in katholischen Kirchen. Ironisch von einer einfältigen Weibsperson: „Dau geckig Ampel!"

Amt, das, dat huh Amt: die Hauptmesse an Sonn- und Feiertagen.

An: wird als Adjectiv gebraucht beim Feuer, so z. B. „e anenes Holz" ist ein brennendes Holz; „en anener Fibibus." Das Feuer ist an, d. h. es brennt; es wird angefangen, statt angezündet; so auch ein Licht anfangen.

Anbiene: anbieten, z. B. eine Prise Tabak.

Anbullich: ineinandergesteckte Dickdärme des Schweines, gesalzen und geräuchert, wie man sie früher, als der Städter sich noch sein Schwein schlachtete, machte; jetzt fast vergessen. (Franz. andouille, Fleischwurst.)

Angehen: anfangen zu stinken. „Das Wildpret ist angegangen."

Angel: Stachel. Die Biene hat einen Angel.

1 *

Angelbaiz: Engerling, die Larve des Maikäfers.

Anhinkele: sich anschmiegen, wie ein Hinkel, ein Hühnchen unter die Gluck.

Ank: der Nacken, das Genick.

Anranze, anschnorre: Jemanden grob anreden, trotzig anfahren.

Anrenne: anlaufen, übel ankommen. „Dä es schrol angerennt!“ Anrannt: der Anlauf.

Anricht, die: der Küchentisch, auf welchem die Speisen angerichtet werden.

Anstelle: etwas Schlimmes thun. „Wat hast Dau angestellt?“ Aber dann wieder sich anstellen: sich verstellen und darüber außer sich sein. „Stell' Dech net su an!“ Angestalt: eine ungeschickte Zurichtung, eine mit zu vielen unwesentlichen Umständen getroffene Vorkehrung, ein ungeschicktes, linkisches Benehmen.

Anstiwele, Anstiweler: anstiften, Anstifter.

Anstoß: ein Krankheitsanfall, namentlich Krampfanfall.

Anthun: anziehen. „Doh die Schoh an!“ Dann auch: Einem etwas anthun: Einen irre machen, gleichsam behexen. „Dem han se 't angedohn, hä kann nau net mieh annersch.“

Anwenn: ein Grundstück, auf dessen lange Seite ein oder mehrere Stücke stoßen.

Appel: Apollonia.

Appelkuhl: Apfelkugel, ein mit Weckteig umgebener gebratener Apfel.

Arg: sehr. „Et doht arg wieh!“

Armedey: Armuth, ärmliches Wesen.

Arme Sinn haben oder kriegen: den Muth verlieren, jeden Widerstand aufgeben, sich mit Trauer
in sein Schicksal ergeben.

Atzel, die: die Elster; dann aber auch eine kleine
Perücke, eine Haartour, namentlich wenn sie alt ist.

Au: das Auge; hiervon: Auekeit: ein so kleiner
Theil, wie man ihn nicht 'mal im Auge leiden kann.
Auement und Auewitt: der Augenblick, letzteres
noch mit dem Begriff größerer Schnelligkeit.

Au! autsch! der gewöhnliche Ausruf bei Schmerz.

Auf: häufig so viel als: an. „Auf der Mosel!"

Aufbonnere: sich putzen, überladen kleiden.

Aufgabele: auftreiben, finden. Aufrappele: auf-
stehen, sich aufmachen.

Aufstand: das Uebriggebliebene. „Mich es net Of-
stands gebliwe."

Auftrosse: Jemanden oder Etwas mit Mühe ausfindig
machen, auffinden; 2) aufladen, schwer bepacken.

Aus: zuweilen als Adjectiv gebraucht, z. B. „ech han
ä auße Heft," sagt der Schüler, wenn sein Heft
vollgeschrieben ist.

Ausstich: das Beste, Schönste von Etwas, z. B. der
beste Wein vom Lager oder von einer Gegend.

Baakes, Bäkes: pfui, garstig; ein Ausruf, womit
man den Kindern eine schmutzige Spielerei zu ver-
leiden sucht.

Babbele: schwätzen, plaudern, öfters mit dem Nebenbegriff des Unnützen, Unverständlichen, Unzeitigen.

Ein Babbeler: ein Schwätzer; ein' Babbelers: eine Schwätzerin; Gebabbels: Geschwätz; babbelich: schwatzhaft. (Franz. babiller.)

Bach: wird weiblich gebraucht: die Bach.

Bachsteerz: die Bachstelze, auch Wippsterzche, Ackermännche genannt.

Babe: nutzen. „Bab't et nix, so schab't et nix!" (mehr dem niederländischen Dialect angehörig).

Bähbes, der: ein langweiliger, breitmäuliger Mensch.

Bahn: die einmalige Breite eines Frauenzeuges; 2) die Eisbahn: die Bahn schlagen.

Bahr, die: das Nachtgeschirr; Bährche, das: die Tasse. „E Bährche Kaffih! es gefällig?"

Bajente! Bajente noch emol! Ein Ausruf der Ueberraschung, wenn z. B. ein fremdes Thier auf den Straßen gezeigt wird.

Baldes: contrahirt von Balthasar.

Ballotegänger: ein herumziehender Musikant.

Balunster: Balustrade, auch der einzelne Pfeiler einer solchen.

Bambele: bammeln, herunterhangen. Mit den Füßen bambeln: sie hin und her schwenken. Gebämbels: etwas Hängendes und Schwenkendes. „Wat hat bä vur ä Gebämbels an der Uhrkett'!" Bambelcher: Ohrgehänge.

Band, Paub, der: der Kahn, Schimmel, der sich in nicht vollen Fässern auf dem Wein bildet.

Bänkele: rajolen, das Erdreich tief umgraben und reinigen.

Bausche: mengen, aufrühren, mit den Händen im

Wasser patschen und sich dadurch besudeln. „Bansch net esu en dem Pubbel erom!"

Bärebreck: der Lakrizensaft.

Bäres, Böres: Schläge. (Altdeutsch.)

Barg: der castrirte Eber.

Barst: ein Riß im Holz. Barste: bersten.

Bärwel: Barbara.

Barwes: barfuß. Barwese Feeß: nackte Füße. „Dä Wein nackig on barwes trenke" heißt denselben rein, ohne irgend einen Zusatz trinken.

Baselmanes: ein Compliment. „Mach' Dei Baselmanesche!" (Spanisch Besa manos.)

Bastrenk: eine schmutzige Kneipe.

Batsch: ein Schlag mit der Hand, eine Ohrfeige. Eine Batschhand: ein Handschlag. 2) Koth, Dreck; figürlich: Unglück. „Drauße es en ferchterliche Batsch; ech sein bes ürver de Knöchel dren heromgebatscht." „Dä setzt en der Batsch!"

Batzig, sich batzig mache: sich breit, dick machen, stolz sich geberden, als wenn man viele Batzen in der Tasche habe; rechthaberisch sein. „Nau mach' Dech net noch batzig!"

Bauche: laugen. Die Wäsche wird mit Aschlauge gebaucht. Die Bauch: die Wäsche.

Baul, Bäulche: Maul, Mäulche, für Kuß, Küßchen. „Gef dem Här e Baulesche!" Butterbaules.

Bause: außen, draußen.

Bawei: das Straßenpflaster. Baweier: Pflasterer. Höllebaweier: ein Schimpfwort, das namentlich den Advocaten zugewendet wird. (Franz. pavé.)

Bayaß: der Bajazzo, Hanswurst.

Bedäumele: mit den Fingern befühlen.

Bedient fein: Etwas gerade gebrauchen können. „Alle=
weil wäre mer zehn Dahler bedehnt!"

Bedrang: Drang, Drangfal.

Beduppe: betrügen, erwischen, überliften, befauteln.

Befinde: oft für finden, z. B. „Fautelei befend't
fech!"

Begabele: begreifen, verstehen.

Begabung: Krämpfe, Epilepfie. „Dat Kend hat die
Begabung": die Epilepfie. „Begöfung."

Behammele: sich beschmutzen, sich beim Gehen Rock
oder Hose mit Koth befubeln.

Beiesse: ein Ragout.

Beifall gewe: Recht geben. „Do gen ech Euch Bei=
fall, do hat Ihr Recht."

Beithun: an's Feuer setzen. „Hast Dau die Grom=
biere beigedohn?"

Bekenne: im Kartenspiel Blätter derselben Farbe
zugeben.

Beklemm: übel, schlecht, bedrängt. „Et gieht Einem
beklemm!"

Bekommen: in der Bedeutung von Vorwürfe erhalten
mit es verbunden. „Dau wihrst et bekommen!"

Belange: Jemanden verklagen.

Belaustern: übervortheilen, betrügen.

Bellerche: die zahnlofen Kiefer der Kinder. „Dat
töhlt de Bellerche!" Beller: der zahnlofe Kiefer
alter Leute.

Bellruß: die Rofe, der Rothlauf im Gesicht.

Belugſe, beluchſe: hinterliſtig betrügen, belauern;
 auch: Einem einen Handgriff abluchſe: abſehen.

Bemb: ein Schimpfwort für eine einfältige Weibs=
 perſon. „Et es en geckig Bemb!“

Benaut: übel, ſchwindelig, enge, wie es Einem bei
 Mangel an Luft im Gedränge zu werden pflegt.
 (Holländ. benaauwd.)

Beneppe, benippe: betrügen.

Bennelſchuh: Winterſchuhe aus Selvkant geflochten
 und mit Baumwolle gefüttert.

Benner: der Faßbinder.

Bequem. Man bezeichnet mit dieſem Wort an der
 Untermoſel, Ahr ꝛc. gerade das Gegentheil ſeiner
 eigentlichen Bedeutung, nämlich eng, gedrängt, zu
 wenig. Z. B. „De ſetze bequem“ heißt: Die ſitzen
 unbequem, eng, gedrängt. „Dä Wein wor am Enn
 ſihr bequem!“ d. h. er ging zur Neige, es war nur
 wenig mehr vorhanden. „En bequemer Weg“ iſt ein
 ſehr ſteiler. „Dä Weg es nix nächſter on bezo noch
 ſihr bequem!“ Heißt eigentlich bequengt, von quengen.

Berebſche: übel bekommen. „Wenn Dau norenſt net
 berebſcht wirſt“: wenn nur der gegentheilige Erfolg
 von dem, was Du erwarteſt, Dich nicht trifft!

Berkel: eine Beere.

Bertes: Hubertus.

Berzel: der Steiß, namentlich von Vögeln. „Dä
 Berzel huh drihn.“

Beſcheerſel: Beſcheerung.

Beſcheid: Auskunft, Kenntniß. „Er weiß Beſcheid“:
 namentlich in Beziehung auf Ortskenntniß. Jemanden

Bescheid thun: ihm zutrinken, ihm ein angefülltes Glas darreichen, auf daß er zuerst daraus trinke.

Beschnubbele: besudeln.

Beschoff: ein ausgepichter Korb, der auf dem Rücken getragen und bei der Traubenlese gebraucht wird.

Beschummele, beschuppe: betrügen. Beschummeler: Betrüger. Schummel, holl. schommel: die zu niedriger Arbeit in Anspruch genommene Person, z. B. der Begleiter der Drehorgelspieler.

Besserung, Besserei: der Dünger.

Bestate: verheirathen.

Bestremmt: kurzathmig.

Bestrenze: bespritzen, anpissen.

Betscher, Beschert: die Trage für Trauben.

Bettlad: Bettstelle. Bettschähr: drei Hölzer, die an einem Ende zusammen befestigt sind und zwischen die Bettstelle und das Bett gesteckt werden, um das Herabfallen der Decke zu verhindern.

Bewachse sagt man von Kindern, die einen Schmerz äußern, ohne daß man dessen Ursache kennt. Man legt sie auf den Bauch und bringt die Extremitäten kreuzweise über den Rücken zusammen; wenn der Schmerz zunimmt, ist das Kind bewachsen, und Oel aus der Lampe wird eingerieben. Gewöhnlich leiden die Kinder an Blähungen oder an einer gelinden rheumatischen Affection.

Bezahle: sich übel zurichten oder aber übel zugerichtet werden. Er hat Schlimmes thun wollen, sich dabei aber gehörig bezahlt, oder aber: er ist dabei gehörig bezahlt worden, z. B. geprügelt.

Bibbche: ein kleines Huhn. Den Hühnern ruft man: Bibb, Bibb!

Bittfahrt: Wallfahrt.

Bitzele: auf der Zunge reizen, prickeln. Gutes Sauer= wasser bitzelt wegen seiner Kohlensäure.

Bläbe: bläuen, Wäsche leicht blau machen.

Bläffe: Einen irre machen, abschrecken, namentlich beim Spiel. (Blüffen, verblüffen.) Ein gebläff= tes Pferd ist ein solches, welches bei Hindernissen nicht gern mehr anzieht.

Blank Geld: baar Geld.

Bläre, blärze: weinen, heulen, besonders auf das Schreien der Kälber. Geblärz: Schreien, Weinen.

Bläß, die: der Bindfaden an der Peitsche, mit welcher man den Kreisel treibt. 2) Vergnügen, Pläsier. „Mir han Bläß gehatt!"

Blate: die Blätter abbrechen, z. B. der Rüben auf dem Felde.

Blauderstrieh: Wirrstroh, das zerschlagene Stroh, welches nicht mehr in regelrechte Gebunde zu bringen ist; wohl besser: Plaurestroh.

Bläue: prügeln; Einen abbläuen: abprügeln, so schlagen, daß er blaue Flecken bekommt.

Bleche: zahlen, namentlich wenn man glaubt, zu viel zahlen zu müssen. „Ich han gehörig bleche meße!"

Bleibe gehen: sich heimlich davon machen, fortlaufen; „durch die Bohnen gehen!" Pleibe aus dem Hebr. pleto, die Flucht.

Bleiwes: Verbleiben. „Hei es meines Bleiwes net länger": hier kann ich nicht mehr bleiben.

Blembes: ein bünner, leichter Wein.

Bleß: der weiße Fleck auf der Stirne der Pferde, Ochsen ꝛc., dann auch häufig das Thier selbst.

Blimmerant, blümerant: flimmernd, schwindelig. Franz. bleu mourant. (Immermann, Münchhausen, III, 244.)

Blinner=Mäusches: ein Spiel, wie blinde Kuh.

Bloß, Aeppelbloß, der: der Apfelwein.

Blumen, gebackene: künstliche Blumen.

Blutrünstig: blutig, mit Blut unterlaufen.

Blutswenig: sehr wenig. Blutsarm: sehr arm.

Böckse: nach dem Bocke stinken. „Dat Flaisch böckst!" Besonders vom Wein, der nach frischer Düngung zuweilen einen eigenthümlichen Geruch und Geschmack nach Schwefelwasserstoffgas bekommt, den man mit böcksen bezeichnet. Es sind stets Weine, deren Gährung kräftig von Statten ging. Das Schwefel= wasserstoffgas verliert sich durch den Hinzutritt des Sauerstoffs mit der Zeit, doch wird diese selten von den vielen Liebhabern eines solchen Weines, der Böcksert genannt wird, abgewartet.

Bödeme: einen Fußboden legen.

Böhmche, ein: der Auswurf, das sputum conglo- batum. (S. Kolk.)

Bohtsch, die: ein jedes dicke Frauenzimmer, ob jung oder alt, namentlich wenn es durch seine Dicke etwas ungeschickt.

Bollere: einen dumpfen, rollenden Ton verursachen, rumpeln.

Bölls: Beule, Geschwulst.

Bombes oder auch Pumpes: Prügel, Schläge.

Bomfeye: prügeln, schlagen. „Ech han der en emohl gebomfeyt!"

Bommes: ein großer Krug mit dickem Bauch.

Bommesatt: satt bis oben an, gefüllt wie eine Bombe. Dahin gehört auch: gestopptevoll und spundevoll.

Boort, Bord: ein tannenes Brett oder überhaupt ein Brett. (L. Schücking, die Marketenderin von Köln, I. S. 16.) Dann auch der Rand eines Schiffes und endlich das Schiff selbst: über Boort fallen; an Boort gehen.

Born: Sauerwasser, ein Säuerling. Dann auch: Wasser. Der Bauer trinkt Born; nur das Vieh säuft Wasser.

Bossele: Einer, der im Stande ist, allerlei kleine Gegenstände zu verfertigen oder zu flicken, versteht zu bosseln; es beweist das Bosseln eine gewisse Geschicklichkeit. Im Norddeutschen heißt basseln eine Flickarbeit machen. Ein Boßler ist eigentlich ein Arbeiter, der in Wachs oder einer sonstigen weichen Masse erhabene Bilder schafft, ein Bossirer.

Botskleidche: ein Kleidungsstück der Kinder, bei welchem Jacke und Hose aus einem Stück bestand und welches hinten der Bequemlichkeit wegen mit vielen Knöpfen versehen war. Brentano nennt dasselbe irgendwo in seinen Märchen „Leib und Seele".

Bottele: Hagebutten. (Holl. bot, Knospe.)

Box: die Beinkleider, Hosen, Boxen, Braxen ꝛc.

Brähmber, Brähmel: die Brombeere.

Brähsem: ein breiter Weißfisch. (Abramis brama *Cuv.*)

Braß: Kummer, Sorge. Herzensbraß: Herzens=
gram. Dann aber auch 2) Gerümpel, alter Plunder.
„Prast" sagt Kiefer: „Vom Rhein", S. 154.

Bredullig: Klemme, Noth. „Dä setzt en der Bre=
dullig!" (Franz. bredouille.)

Breie: quälen. „Loß mech gebreit!" lasse mich in
Ruh', ungeschoren.

Bremms, in der Bremms sitzen, sein: in der Noth,
Bedrängniß sein. „Ech wor en der Bremms!"

Brenne sagt man vom Geflügel, wenn es brüten will
oder auch schon brütet. Brennige Eier: solche,
die angebrütet sind.

Brennse: nach dem Brande riechen oder schmecken,
dann 2) sich nahe berühren. „Halt, et brennst!"
rufen die Kinder bei manchen Spielen.

Brinzelich: bräunlich. „Braun=brinzelich."

Brotze: schmollen, verdrießlich sein. Ein brotzig
Gesicht machen. Daher Brotz: ein aufgeworfenes,
dickes Maul, mag dies von Natur bestehen oder
durch Stolz, Verdruß ꝛc. so aufgeworfen sein.

Brotzele: langsam kochen oder braten mit einem ge=
linden Geräusch. „Dä Speck brotzelt en der Pann!"

Brubbele: in Flüssigkeiten blasen, so daß ein eigener
Ton entsteht, indem die Flüssigkeit oben Blasen wirft.
Bei Kindern, die beim Trinken in Husten gerathen.
Dann 2) eine Sache obenhin abmachen, hudeln.
„Dat es gebrubbelt!" Brubbelarbeit.

Brustlappe: die Weste, das Kamisol.

Brutsch: ein dicker, aufgeworfener Mund. 2) Brutsch

machen: die Schule schwänzen, sie nicht besuchen oder aus ihr fortlaufen.

Bubeschenkel: ein Gebäck aus Weizenmehl. Die Coblenzer Bubenschenkel erfreuten sich früherhin eines großen Rufes.

Büchseranze: die Jagdtasche.

Bucht: das Gegengewicht. „Halte Bucht": halte das Gegengewicht, halte den Gegenstand in der angemessenen Richtung.

Buchtnache: der Nachen, der die Kette einer Schiffbrücke trägt und dieser die Richtung ermöglicht.

Bungert: ein Baumgarten, eine Wiese, die voller Obstbäume steht.

Bünne: einen Fußboden bedielen. Das Gebünn: die Zimmerdecke, aber auch der zweite Speicher, der oft nur mit Brettern belegt ist.

Buntig: bunt.

Bunzel: ein Stück festen Kothes, der Excremente. En Perdsbunzel: ein Pferdeapfel.

Butterrahm: ein Butterbrod. Aus dem Holländischen und eigentlich Butterham: ein Butterbrod mit Schinken; ham: Schinken.

Butzemann: ein Gespenst, das Schreckbild für die Kinder, welches sie holt, wenn sie nicht brav sind. 2) Verhärteter Nasenschleim, auch Ginkes genannt.

Calfacter: ein Schmarotzer, ein Anträger.

Calfinche, das: ein Gestell mit verschiedenen Fläschchen für Essig, Oel, Salz, Pfeffer ꝛc. Wohl von caraffine (franz.), caraffa (ital.) herrührend.

Chor: eine untermauerte Abtheilung in den Wein=
bergen, eine Terrasse, a. d. Lat. chorus; auch Ge=
setz genannt.

Cichorie nennt man die ersten Blätter des Löwenzahns,
Leontodon taraxacum, welche, noch gelb und kaum
befiedert, einen frühen Salat darbieten.

Commissione mache: Einkäufe für sich selbst machen.
„Ech han noch e paar Commissione ze mache,“ sagt
die Frau, wenn sie für sich einen Schnürriemen,
ein Strumpfband kaufen will.

Cottroff, Cottroffche: eine Arzneiflasche. Span.
il cotofre: Trinkglas.

Cujenehre: quälen. Cujenant: ein Quäler. Im
gemüthlichen Sinne gebraucht.

Dach: der Kopf. „Of et Dach schlin!“ „Dä hat
genog em Dach“: der ist betrunken.

Dachtel: eine Ohrfeige. Dachteln: beohrfeigen,
schlagen.

Dalje: Obst von den Bäumen herabschlagen, mit dem
Nebenbegriff von stehlen.

Dalles: ein hartköpfiger, dummer Mensch, von dah=
len: einfältig sprechen. „Sich den Dalles holen“:
sich den Tod oder ein Leid holen. (Hebr.)

Dämmere: 1) festtreten, den Boden niedertreten;
2) sich ohne Zweck herumtreiben.

Dämpig: engbrüstig, kurzathmig, dämpfig.

Dämsele: flicken. Gebämselt: geflickt. 2) Beim
Schiffbau: bämseln: die Schiffe in ihren Fugen
dicht machen.

Dann: weg, fort, von dannen. „Dann eloh!" „Bleif daune!"

Dannälche: ein kleiner Weißfisch.

Dantes: ein Spielpfennig, Spielmarke.

Dar, daar: hin, dorthin. „Giehste dar?": gehst Du hin?

Där, dür: geräuchert. Dürflaisch: geräuchertes Fleisch, im Gegensatz zu Grünfleisch: frisches Fleisch. Dann 2) mager, wo es indessen mehr diehr ausgesprochen wird. „E diehr Stöck Veh."

Dauderlatsch: eine nachlässige, schmutzige Weibs= person (Lulatsch).

Daudistel: Gänsedistel (Sonchus oleraceus).

Dauze, duze: Einen Du nennen, auf Du und Du mit ihm stehen. Dutzbruder.

Deckel: scherzweise der Hut. Schawesdeckel: Schab= besdeckel, eigentlich der Hut, den die Juden am Sabbath tragen.

Deftig: kräftig, solid. „Dat sein deftige Leut'!" d. h. solche, die ein sicheres, schönes Vermögen besitzen. (Hebr. tob, tof, gut, tüchtig, teftig.)

Deie: drücken, vor sich herschieben. „Ech zehje en Dau deist!" (Deuhen, dauhen.)

Deierlich, theuerlich: hager, blaß, elend.

Deirel: Teufel. „Hol' Dech der Deirel!"

Dell: eine Vertiefung in einer Fläche, eine Einbie= gung, wie sie z. B. bei metallenen Gefäßen durch einen Fall zu entstehen pflegen.

Dengele: schlagen, herabschlagen. „Nöss' dengele," „die Glocke dengele." Hier fehlt der Nebenbegriff des Stehlens, der mit baljen verbunden ist. Dann auch 2) in der gewöhnlichen Bedeutung des Schärfens der Sensen.

Dertischig: dazwischen.

Dimschig: dämmerig, dämmernd, aber auch: müffig, stickstig, wo es mehr bimsig heißt.

Dippelig: kleinlich, pedantisch.

Dischkerire: sprechen, sich unterhalten. (Franz. discourir.)

Ditzche: ein kleines Kind, eine niedliche Puppe.

Dölke: löschen. Man bölkt ein Feuer, indem man es z. B. mit Asche bedeckt. Dann 2) Jemanden abfertigen und zum Schweigen bringen. „Hä soht dat on dat, do han ech der en ower gedölkt!"

Doll, der: der Hauptast eines Baumes. Dollholz: weiches dickes Holz. Dollkorn: mastiger Roggen. Dolle: die Hölzer, zwischen welchen das Ruder in den Schiffen bewegt wird.

Dollpatsch: ein ungeschickter, dummer Mensch.

Dommele: tummeln, sich eilen. „Dommel Dech!"

Donsel, Dunsel: ein leichtfertiges und hoffärtiges Frauenzimmer. (Span. Doncella.)

Dookes: Jodocus; aber auch: der podex.

Dopp: der Kreisel, 2) der Gelenkkopf des Oberarms oder des Oberschenkels. Doppe: mit dem Kreisel spielen.

Döppe: der Topf, ein Gefäß von Erde oder Eisen. 2) Der Kopf. Einen auf's Döppe hauen. Döppchesgucker: Einer, der sich um Kleinigkeiten bekümmert; gleichbedeutend mit Erwesezehler: Erb-

senzähler. Döppchesspieler: Einer, der Glücks=
spiele treibt, auf den Märkten mit der Drehscheibe
herumzieht; eigentlich ein Taschenspieler.

Döpperfäßche: das an dem Anker befestigte Fäß=
chen, welches über demselben schwimmt und anzeigt,
wo er liegt.

Dores: Theodor.

Dorzele: taumeln, im Schwindel hinfallen.

Döskärche, Dieskärche: ein Stoßkarren, der von
einem Mann gehandhabt wird.

Dotz: die Beule (eigentlich Dutz: der Stoß.) 2) Ein
Klumpen, Haufen. „Dä hat en Dotze Geld!“
3) Der Kopf. „Ech han mer en Dotze an dä
Dotz gestuß!“

Dötze: nach etwas werfen, daß es herunterfällt, z. B.
Aepfel. Die Spitze, den Kopf abschlagen, z. B. vom
Mohn. Dann auch vom Ausheben der Vogelnester
gebraucht: „Ech han e Nest Amschele gedötzt!“

Dran kriege, Einen: erwischen.

Draubig: trübäugig.

Dreck: außer der gewöhnlichen Bedeutung auch: der
Eiter. „Meine Finger brennt Dreck!“

Dreibord: ein kleiner Kahn, der aus drei Brettern
zusammengesetzt ist. Draubert: ein kleines Mosel=
schiff.

Dreimaster: ein mit drei Krämpen aufgestutzter Hut,
wie ihn früher die Bauern allgemein, jetzt nur noch
wenige tragen. Auch Dreimörder genannt, wohl
aus demselben Grunde, weshalb man später die Hals=
kragen Vatermörder nannte.

Drickes, Rickes: Heinrich.

Drutschel: eine dicke, schwerfällige Weibsperson. Bei kleinen dicken Kindern Schmeichelname.

Ducke: niederdrücken. Gebuckt gehen: gebeugt gehen. 2) Sich neigen, auf die Erde niederlassen.

Duckmäuser: ein hinterlistiger Mensch, dem nicht zu trauen ist.

Ducksal, der: das Mannhaus, die Orgelbühne. (Lat. doxale, odeum ecclesiae.)

Dubebaincher: eine beliebte Weckform in Coblenz, die eine entfernte Aehnlichkeit mit dem Oberschenkel= knochen hat. (Brentano: Hockel, Hinkel und Gake= leia. Ffft. S. 181.)

Dubele: auf einem Blasinstrument stümpern; Einem die Ohren voll dubeln: indem man stets dasselbe wiederholt.

Duh: damals.

Duhs: bescheiden, sittsam. (Franz. doux.)

Dunnes: Anton.

Dussel, Dusel: Schwindel, Betäubung; dusselig: schwindelig, betäubt; dussele: schlummern, halb im Schlafe sein.

Dutzel: ein kleines geschäftiges Mädchen.

Ebbes: etwas. (Eppes, jüdisch=deutsch: irgend, irgend ein.)

Eckes, der: das Eck, der Stein oder die Stelle, von welchem ein Spiel beginnt, auch der Anstand benannt.

Ehbsch: der Epheu.

Ehnder: ehender, eher.

Eiletzig: einzeln, allein. „E eiletzig Framensch": ein unverheirathetes Frauenzimmer.

Ellings: eilig.

Einem: für mich oder mir. „Dä Pitter haut Einem lauter!" „Hä läßt Einem kai Roh!"

Einfältig: übel, unbehaglich.

Einpäffig: einseitig; eigensinnig.

Eintränke: vergelten, vergelten lassen. „Ech werb' Der 't entränke!"

Eiterbiffer: ein böser, bissiger Hund, dessen Biß noch besonders gefährlich sein soll, der sich leicht verbeißt. Figürlich: ein böser Mensch.

Elend, das: die fallende Sucht, die Epilepsie, auch das schwere Leid genannt.

Elennere: verkümmern, abzehren, namentlich aus Heimweh.

Elsterau: Hühnerauge.

Emmes oder auch Immes: ein kleiner Klicker. Die frühere Redensart: „Emmes und Gänsfett" (Mannas und Janabhiet) ist gänzlich verschwunden; dafür aber der wahre Emmes: das schlagende Moment, gerade das Richtige. „Dä verstiht be Emmes": der weiß mit der Sache umzugehen, kennt den Handgriff. Emmes (hebr. emet) in der Gaunersprache: die Wahrheit, das Wahre. Cl. Brentano gibt einem Spitzbuben den Namen: Emmes Gänsfett! S. Victoria ꝛc. Berl. 1817, p. 84.

Enja: ja, mit einem gewissen Nachdruck oder ironisch.

Enna: nein.

Enkel: der Knöchel. Auch: einzeln. „En enkele Nache."

Epenpart, Epepart: Gegenstück, namentlich von einem Gespann Ochsen oder Pferde.

Erdegescherr: irdenes Geschirr, irdene Waare.

Erkriege: sich erholen.

Erlustire: sich lustig machen, sich amüsiren.

Erstricke: ersticken.

Erwecke, Reue und Leid: diese Gebete sprechen.

Erwes: Erbse.

Esu: so. „Mach et esu!" Also. „Hast Dau et esu?"

Eulelaim: Töpfererde, die der Töpfer, hier „Döppebäcker" genannt, braucht.

Eulesaig: ein schlechter, abgefallener, nicht kalter Wein; von einer Familie Eulenscheick, die über ein Jahrhundert die Wirthschaft „zum Ritter" auf der Leer in Coblenz, das spätere Billig'sche, jetzt Linz'sche Haus, besaß.

Eweil, alleweil: jetzt, eben jetzt.

Ewig, iwig: lebenslänglich. „Hä hat iwig krigt!" „Se han en of iwig verorbailt!"

Extere: quälen, plagen, gewöhnlich mit dem Nebenbegriff von Scherz. Ein Exterer: Jemand, der fortwährend Andere neckt und plagt.

Eyeiche: ein liebkosendes Streicheln. Auch ein Compliment: „Mach' em e Eyeiche!" von kleinen Kindern.

Fackele: nicht bei der Rede, beim Worte bleiben, unzuverlässig sein. Fackler: ein unzuverlässiger, schwankender Mann.

Fahre: treiben. Der Metzger, Viehhändler treibt nie Vieh, sondern fährt mit dem Vieh da oder dort hin. Der Schäfer fährt mit seiner Heerde auf die Weide. Dann auch 2) ackern, pflügen. „Dat Feld moß gefahre were": es muß gepflügt werden.

Fahreschwanz: der Ochsen=Fissel, eine gedörrte Ochsen= Sehne, die wegen ihrer Zähigkeit früherhin allgemein zum Prügeln der lieben Schuljugend gebraucht wurde.

Faimele: leicht phantasiren; wird besonders von Kindern gesagt, die im Schlafe Töne von sich geben, das Gesicht etwas verziehen. „Dat Kend faimelt, et kricht geweß Zänn!"

Fäng': Schläge. **Fängholz**: Zündholz, leicht brennbare Spähne.

Faß, das: hat im Plural nicht Fässer, sondern Faß. „Hat Ihr die Faß gelade?"

Fatze: Fetzen.

Faukele: zögern. „Dä faukelt net lang'." **Gefaukels**: Zögern, Schwanken.

Fauße: Lärm machen, im Hause herum poltern. Auch: „Der Wind faußt!"

Fautele: im Spiel betrügen, betrügen überhaupt.

Faxe: Possen. **Faxemacher**: Possenreißer. Aber: Faxe mache: Umstände machen.

Federbüchs: die Federscheide.

Federweiß: der neue Wein, wenn er, bald ausgegohren, diese Farbe hat. „En Schoppe Federweiße!"

Ferger: der Fährmann, der bei dem Fahr oder am Fahr, der Ueberfahrtsstelle, über den Fluß setzt.

Ferkel, das: das junge Schwein.

Ferkelstecher: der Winkeladvocat.

Ferm: fest. „Halt' ferm!“

Festche: ein Stück aufgedrehtes Tau, welches als
Bindfaden benutzt wird. (Schiffersprache.)

Fett, sei Fett krige: gestraft, gescholten werden.
„Dau krigst Dei Fett!“

Fichtel, ein (roth): ein rothhaariges Frauenzimmer,
namentlich wenn es recht widerborstig ist.

Fick: die Tasche.

Ficke: mit einer dünnen Gerte schlagen, überhaupt
mit etwas Feinem, Dünnem hauen, z. B. einer
kleinen Peitsche.

Fickele (in Bonn föfele): Jemanden sehr sanft be=
handeln, sorgfältig pflegen.   (v. B.)

Fidem: der Faden. „Ech han keine trockne Fidem
mieh am Leif!“

Fies: empfindlich sein gegen jeden Schmutz 2c. im
Essen, feinfühlend dabei sein, ekeln. „Dau bes och
zo fies!“ (Engl. foisty.) Auch finkerlich.

Fimmere, mit den Augen: sie oft auf und zumachen.
Vor den Augen fimmere: schwindelig werden.
Gefimmer.

Fisematente: faule Redensarten, Ausflüchte. (Visite
à ma tante.) L. Schücking: der Bauernfürst, II,
S. 247.

Fissele: dünn und schwach, fein regnen. „Et fisselt
lauter.“

Flacker: munter, rasch; vom Feuer: hell auflobernd.
„E flacker Weinche!“ Flackere: von Lichtern, die
unruhig, flackerig brennen, z. B. bei Zugluft.

Flabuſe: Schmeicheleien. (Franz. flatter.)

Flähm,. die: die Seite, Flanke; auch die weiche Haut vor den Hinterſchenkeln des Viehs. Mitunter auch für bezahlen gebraucht: „Greif' en de Flähm!"

Flammboge: die Fackel.

Flämmſe: nach Rauch riechen oder ſchmecken. Das Federvieh wird geflämmſt, wenn man es über flacker Feuer hält, um die letzten Flaumfedern zu entfernen.

Flankire: herumlaufen.

Flappe: Einem eine leichte Ohrfeige geben. „En Flapp": eine leichte Ohrfeige, etwa im Scherz gereicht. Aber auch: „ä es geflappt": er iſt ein halber Narr; daher Flappes, Flappinnes: ein Simpel, ein halber Narr oder auch nur ein närriſcher Kerl, der ſtets Spaß macht.

Flatſchere: von den Vögeln, die mit den Flügeln gegen den Boden ſchlagen, ohne ſich erheben zu können, oder wie die Enten gegen das Waſſer, wenn es Regen gibt; mühſam fliegen.

Flau: ſchwach, elend, wie man es nach längerm Faſten wird. (Holl.)

Flauſe: Lügen, Ausflüchte; dann auch: närriſche Gedanken, allerlei dummes Zeug im Kopf haben. Funkelefauſe.

Flautes: Flappes. (S. dieſes Wort.)

Flebb: eine Nelke.

Fleſch, Fläſch: ein Kürbis, wohl wegen ſeiner oft vorkommenden Aehnlichkeit mit einer Flaſche.

Flimmerche: ein altes Geldſtück, ein halber Kreuzer; wird noch zur Bezeichnung einer Kleinigkeit gebraucht.

Flitt: der Flügel.

Flöck: flügge, von jungen Vögeln.

Flons: lange, ausgezeichnete Mahlzeit, großes Gastmahl.

Flucht: die Reihe. „Sie flogen (gingen) in einer Flucht," d. h. in einer zusammenhangenden Reihe oder Linie.

Flumme: schlagen, namentlich auf den Rücken.

Flutz: Flotz, Floß.

Foche: in der Hitze schnell athmen, nach Laufen, raschen Bewegungen rasch Athem holen; **fochig**: kurzathmig.

Focht, die: der Fächer; dann auch die Klappe in der Ofenröhre.

Fonnzel, die, Oelfonnzel: die Schnauze an einem gewöhnlichen Oellichte, Lampe.

Foppe: Einen zum Besten haben.

Fräd: zäh.

Fraiserlich: erschrecklich. „En fraiserliche Lärm; ä fraiserlich Gesicht."

Freß: das Maul. „Ech schlohn Der ain en be Freß!"

Freund: Verwandter; **Freundschaft**: Verwandtschaft, Blutsfreundschaft.

Frischiere, sich: sich erfrischen, namentlich durch Waschen, Reinigen, Wechsel der Kleider; auch geradezu für letzteres: „Mer moß die Kleider doch frischiere könne!"

Fuck, die Fuck davon haben: mit Geschick und Verständniß etwas arbeiten, den Kunstgriff kennen.

Fujahn! ein Ausruf: Pfui!

Fumm: eine Gerte mit Angelschnur zum Fischen. (S. Grundfumm.)

Furk (Forkel): die Gabel; auch das gabelförmige Eisen, worin bei kleinen Schiffen das Steuerruder liegt.

Furläufersch: Eine, die vor (früh) kauft, um es wieder zu verkaufen; eine Höckerin.

Fußfall, ein: ein Heiligenhäuschen an der Straße.

Futsch, futti: fort, verloren.

Futtere: fluchen, zanken. (Franz. foudre.)

Gabball: der Ball.

Gabsche: fangen. „Gabsch dä Gabball!"

Gabse: nach Luft schnappen. „Hä hielt em dä Hals zo, dat ä net mich gabse konnt'!" Auch: gähnen.

Gackse: wie die Hühner schreien, wenn sie ein Ei gelegt. Gegacks. Auch: gackele und gackelich: vorlaut, leichtfertig.

Gammer: voll, ganz gefüllt, gediegen.

Ganfe: stehlen. „Dat es geganft!": gestohlen. Aus dem Hebräischen: ganab: stehlen.

Gäre: gern, absichtlich. „Ech han et net gäre ge= dohn": unabsichtlich.

Garfkammer: die Sacristei. Auf dem Maifeld noch gebräuchlich. „Geerkammer" in der Köln. Chronik.

Gärkse: knarren. Namentlich von Schuhen, die beim Gehen gärksen. „Ä hat zo vill Gärks en dä Schoh."

Gäseplättscher: ein Reifmacher, der, welcher die Reife für die Fässer macht.

Gäthlich: nicht ganz voll, ziemlich.

Gaubsche: ein Kleidungsstück, welches schlecht sitzt und Falten wirft, gaubscht. „Dat Klaid gaubscht em Buckel, et es net goht gemacht."

Gauploch: das Giebelloch, die Dachlucke.

Gebild, das: Tischtücher und Servietten, das Leinen=
zeug, was man zum Tische gebraucht, Tafeldamast.

Gebünn: siehe oben: bünnen.

Gedanke gewe: acht geben, aufmerken, die Gedanken
auf etwas richten.

Gebrucks: gedrucktes Zeug, Druckkattun.

Geert, Gehrt: ein schwunger Baumzweig, Gerte.

Gefähr, das: Alles, worin man fahren kann, also na=
mentlich Wagen, Karren; dann aber auch Schiffe.
An der Mosel fahren immer mehrere Schiffe zusammen
den Strom herauf; kommen sie an eine Fuhrt, eine
Strömung, so ziehen die Pferde ein Schiff nach dem
andern durch dieselben; solche zusammenhängende
Schiffe nennt man ein Gefähr. „Wat es dat vur
ä Gefähr!“ sagt man auch, wenn viel gefahren
wird, sich Wagen auf Wagen folgt.

Geheugniß: Zufriedenheit; eigentlich nur in der
Redensart: „Ech han hie mei Geheugniß“: ich bin
hier zufrieden. Geheuglich: heimlich, tröstlich.

Gehlinger: Goldammer, ein Finke mit gelber Brust.

Gehlings, gehlinge: eiligst, hastig.

Geile an Jemanden: Jemanden mit Ungestüm bitten.
(v. B.)

Geimer: der Ingwer.

Geise: im Essen verschwenderisch sein. (v. B.)

Geizche, das: der zweite Trieb aus einer Ranke
des Weinstocks. Geize: einen Auswuchs irgend
einer Pflanze, namentlich aber des Weinstocks, ab=
brechen.

Gekreits, das: die gewürzhaften Suppenkräuter: Petersilie, Sellerieblätter, Lauch ꝛc., wie sie zusammengebunden verkauft werden. „Für aine Grosche Gekreits!"

Gekröß: die Abfälle vom Gemüse, womit das Vieh gefüttert wird.

Gelt: 1) gelt? nicht wahr? geltese? 2) unfruchtbar, nicht trächtig, vom Vieh.

Geräffel: Gerümpel.

Geraid, das: das Eingeweide.

Gerast: rüstig, mit frischen Kräften nach der Rast.

Gerechtigkeit: das Eigenthum in Grundbesitz. „Biß hiehin giht mein Gerechtigkeit": hier sind die Grenzen meines Besitzes. Dann aber auch in passiver Beziehung ein Servitut: „Et roht en Gerechtigkeit of dem Haus: dä Nohber darf dorch dä Hoff fahre."

Geriß, das Geriß haben, in der Redensart: „Dat Mädche hat dat Geriß": Alle reißen sich um es, Jeder will es zum Tanze ꝛc. haben.

Geschääkt: fleckig, bunt; ein geschääkter Kanarienvogel: ein gelb und grün gefleckter.

Gescherr: Geschirr, Döppegescherr ꝛc. Dann aber alles Mögliche, z. B. „et moß vill Gescherr of der Jagd sein": viel Wild aller Art. „Mei Gescherr leiht am Krahne": mein Schiff liegt am Krahnen! und vieles Andere.

Geschweig: Schwäger. (v. B.)

Geschwiwelt voll: voll zum Ueberlaufen. Nur in dieser Redensart gebräuchlich.

Geselzt: gesalzen. „Geselzter Appel": ein Apfel, der vom Frost gelitten, im Frühjahr in Salzwasser gelegt und erweicht genossen wird.

Gesöns: recht gescheidt. (v. B.)

Gespühl: Spülicht.

Gethäns, Gebähns: viel Wesens, viel Arbeit und Umstände machen. (Gethue.)

Gickel: der Haushahn; dann auch: Stolz, Anmaßung. „Dä Gickel stieht em en be Hüh": es ist ein stolzer Mensch. Gickelich: stolz, mit Einfalt gepaart.

Gickele: heimlich, unterdrückt lachen. Gegickel: ein heimliches Gelächter.

Giewe, die: die Kiefer und namentlich das Gelenk derselben. Das „Gieweleid": die Mundsperre.

Gift: Zorn; giftig: zornig; Giftmichel: ein zorniger, bösartiger Mensch.

Gihkse: stechen, mit einem feinen Instrument stechen.

Gilles: Aegidius.

Glandise, die: der Putz. „Sech en be Glandise werfen": sich recht aufputzen.

Gletsch, der: der bei catarrhalischen Affectionen des Auges sich absondernde Schleim, daher: „Gletsch- Au": ein Auge, das an solcher schleimigen Absonderung leidet.

Glitsche: gleiten, rutschen; glitschig: glatt.

Gluckse: von den Hühnern, wenn sie brüten wollen und dies durch einen eigenthümlichen Ton zu erkennen geben. „Dat Hohn es glucksig": es will brüten. Auch: „Et gluckst mer em Finger": wenn man bei Entzündung den Pulsschlag darin fühlt.

Gneißig, eigentlich ungneißig: ungenügſam, daher
bei etwas Gutem ſehr gefräßig ſein, ſich gern heran=
drängen, wo es etwas zu genießen gibt.

Gonn, die: die Liebe, Freude. „Einem die Gonn
anbohn“: Einem etwas gönnen, die Liebe erweiſen,
ihm dies oder jenes zu ſagen, zu thun.

Gorkſe: gurren.

Götſche, getſche: gießen, gleichſam mit Eimern, bei
Platzregen namentlich gebraucht. „Et getſcht.“ Der
Götſchſtein: der Spülſtein.

Gotträs: das Maal, wo geraſtet wird, an dem ſtehend
man gleichſam aus dem (Ball=)Spiel ausgetreten iſt.

Gottwalls! ein Ausruf, wenn etwas Fröhliches ge=
ſchieht; auch beim Nießen ſtatt Gotthelf.

Goùwe, Giefge: ein kleiner Fiſch.

Grasblohm’: eine Nelke.

Grasbätſch: eine Grasmücke.

Grates: Gerhard.

Gray: der Winkel zwiſchen zwei Aeſten.

Greule: fürchten.

Grippſche: heimlich wegnehmen, meiſt nur von Klei=
nigkeiten und ohne den ſtrengen Begriff von Diebſtahl.

Griſſele: ſchauernd überlaufen. „Et griſſelt mech“:
es überläuft mich ſchauernd, ich habe Furcht, Ab=
ſcheu vor einer Sache. Griſſel: der Schauer.
Griſſelich: ſchauerlich.

Grohnzig: ranzig, vom Speck.

Gronzele, die: kleine Bröckchen, zuſammen gekommene
Maſſen, Gerinſel. „En der Wurſchtſopp ſein dichtig
Gronzele.“

Grummele, grommele: grunzen, in sich selbst hin=
ein zanken, knurren.

Grün: frisch. „Grün Fleisch.“ Dann auch: jung.
„Dat Mädche es mer noch zo grön!“

Grundsumm: eine Angelschnur mit wenigstens zwei
Angeln, die durch ein Stück Blei in die Tiefe ge=
zogen werden; die Schnur hat daher auch kein
Wipphölzchen.

Grünnschel, die: die Stachelbeere.

Grunzig, grundsig: nach dem Grunde schmecken.

Gullich: Schimpfwort, eine große, ungeschickte Weibs=
person, daher auch gewöhnlich: „gruß Gullich!“

Gusto: der Geschmack, Sinn für etwas. (Lat. gustus.)

Guwe, der: ein kurz abgeschnittener kleiner Schnurrbart.

Haar, Hahr und Hott sind die Rufe an das Zug=
vieh, wenn es links oder rechts gehen soll. Die
Mähne, das lange Haar am Halse des Pferdes,
liegt stets auf der linken Seite des Halses, rechts
ist die unbedeckte Haut, daher links: Haar, rechts:
Haut, woraus Hott geworden.

Hacke, schwer Hacke: schwere Noth! ein Fluch.
„Auf die alt’ Hack’“: auf die alte Art und Weise.
„Auf Eine Hack’ herauskommen“: übereinstimmen.

Haffel: eine Handvoll.

Hahnegebälk: die oberste Balkenlage in einer Scheune,
einem Speicher.

Hainsch, der: der Buchweizen.

Häkelich: schwierig, kritisch.

Halfer: ein Mann, der Pferde zum Schiffziehen hält und mit denselben dem Schiffziehen obliegt. Im Kölnischen heißt Halfer ein größerer Gutspächter, ein Halbwinner.

Hambuttel: Hagebutte.

Hame, der: das Kummet oder Kummt (Pferdegeschirr).

Handierung: Handwerk, Beschäftigung. „Dat es sei Handierung." Handieren.

Hannebambel: eine schmutzige Weibsperson, eine solche, die das Kleid hinten stark mit Schmutz besprißt hat.

Hänsch, der, plur. die Häusche: der Handschuh.

Hart: nahe, stark. „Dat Haus leihd hart am Weg": es stößt auf den Weg. „Rof' emohl hart!"

Häs', die: das Fersengelenk des Kalbes, welches man gern zu leichten Suppen benutzt.

Hasebrud: eigentlich ein Landbrod, welches Stadtkindern als vom Hasen kommend angepriesen, resp. von einer Fahrt über Land mitgebracht wird. Ueberhaupt bietet man befreundeten Kindern ein Butterbrod von Hasenbrod als etwas Besonderes an.

Hassedire: wagen. (Franz. hasarder.)

Hasselire: lärmend schwätzen, prahlend dummes Zeug laut vorbringen.

Hasserant: kräftig, grob, energisch eingreifend.

Haß: die Eile. Sich abhaße: abhetzen.

Häufel, zuweilen auch Haffel: eine Handvoll.

Häusche: der Zwischenraum der Weinstöcke in den Weinbergen.

Haushetzel: eine Person, die immer zu Hause sitzt.

Hausmacher: werden viele Sachen genannt, die im
Hause gemacht werden, als Hausmacher=Leinwand,
Hausmacher=Wurst u. dgl. m.

Haweih': der Habicht.

Hawill: die Hacke, Haue; dient auch zur Stütze der
Karre.

Heckele: auf einem Fuße hüpfen; dann auch: den
Grund leicht aufhacken, den festgeregneten Boden
wieder lockern. Dazu dient das Heckelkärstche: ein
leichtes Garten=Instrument, welches Haue und Karst
in sich vereinigt.

Heidekopp: jede alte römische Münze.

Heihannes: ein ungeschlachter Kerl, ein steifer, un=
geschickter Mensch.

Heimbudel, ein: ein Stubenhocker.

Heimermäusche: die Grille.

Heimgereit: das Lagerbuch, Weisthum.

Heimlich: zahm, zutraulich, namentlich von Vögeln.

Heinz: der Anträger. „Dau Schulleheinz": Du
Anträger in der Schule.

Heizelmännche: eine kleine Wurst, wie man sie,
wenn man ein Schwein geschlachtet hat, den Kin=
dern schenkt.

Helmes: Wilhelm.

Hemse: hüsteln.

Hengel: mehrere Stück von einer Art zusammenge=
wachsen oder gebunden, z. B. ein Hengel Trauben,
ein Hengel Zwiebeln, ein Hengel Krametsvögel.

Herrche: Großvater, sowie, obwol seltener, Frauche,
für Großmutter. (Vgl. Riehl: die Familie, S. 37,

und Kamptz: Jahrbücher für die preuß. Gesetzgebung, Bd. 54, S. 315.)

Herrgottsthierche: der Sonnenkäfer (coccinella).

Herumtragen, Einen: überall von Jemanden Böses reden, ihn verleumden.

Herzbennel, der: die Brust, das Herz in der Brust. „Ech haue dech, dat dir dä Herzbennel wackelt."

Heulbopp: ein Brummkreisel.

Heuwels, heiwels: seit, die Zeit hindurch. „Heiwels Uhstere han ech en net mich geseehn."

Hiënn, hijenn: drinnen.

Hillig: Verlobung; sich verhillige: sich verloben.

Himmele: sterben.

Hinkel: das Huhn.

Hinnerwenns: hinter dem Rücken, unversehens. „Dä hat hinnerwenns en Uhrfei kricht."

Hirz, Hihrz: der Hirschkäfer.

Hockele, hohkele: Einen auf dem Rücken rittweise tragen, wie besonders die Knaben thun.

Hohl: der gezahnte Kesselhalter über dem früherhin stets offenen Feuer; daher vielleicht Hohlgans: wilde Gans, Schneegans, weil die Züge derselben immer gezackt sind.

Hohreil, eine: eine schmutzige, ungekämmte Person (Haar-Eule).

Holau! der Ruf der Schiffer, wenn die das Schiff ziehenden Pferde still stehen sollen.

Holen und nehmen verwechselt der Coblenzer stets und ohne Ausnahme. Der Kranke holt die Medicin ein, der Richter holt dies oder jenes Gesetz an, ja

der Coblenzer überholt diese oder jene Bestellung;
dagegen nimmt er seinen Freund zum Spazieren=
gehen ab, einen davonfahrenden Wagen ein u. s. w.
2) Holen: stehlen. „Ech han et net gehollt": ich
habe es nicht gestohlen. (Durch den Namen Holo=
fernes — hol' was fern ist — und umgekehrt, ist
leicht das Richtige zu finden.)

Holler: Hollunder, Flieder.

Hoppelich: uneben, rauh. En Hoppel, Huwel:
eine Erhabenheit, eine hügelartige Erhebung, wie sie
z. B. durch einen Holzknorren bewirkt wird.

Höpperling: der Frosch.

Hötsch: ein kleiner Stuhl ohne Rückenlehne.

Hotzel: eine gebackene Birne; scherzweise von ältern
Personen: „en alt' Hotzel": eine alte, runzelige
Person. Verhotzele: zusammenschrumpfen. „Dau
verhotzelt Mensch!"

Hucke: ducken, sich niederkauern.

Huhbainer: ein stolzer, aufgeblasener Mensch. Huh=
saiger: dasselbe, von hoch und sagen. Huhbainer wird
auch die langfüßige Spinne, der Weberknecht, genannt.

Hundsmilch: Wolfsmilch (euphorbium).

Hurebitzsche: die rothe Kornblume, Mohn (papaver
rhoeas).

Husch: ein Schlag, eine Ohrfeige. (Vgl. Vehse: Ge=
schichte der Höfe Bayern 2c., 5. Theil, S. 70.

Hüsge, das: der Gerichtsvollzieher. (Franz. huissier.)

Hutsch, Hutschböppche, das: ein Gefäß mit Kohlen,
welches sich die Weiber im Winter unter die Füße
stellen.

J wird zuweilen Umstandswörtern vorgesetzt, z. B. iunne, ijunne: unten; iobe, ijobe: oben.

Jaubse: jammern, vor Schmerz schreien, heulen.

Jaudes: Judas. Jaudeswoch': die Charwoche. Die Ceremonie des Verbrennens des Chrysams in dieser Woche heißt: „den Jaudes verbrennen."

Jaunere: Einen übervortheilen, betrügen, namentlich im Spiel, daher auch für spielen gebraucht; auch: jammern, klagen.

Jhs: das Instrument, womit man das Wasser aus kleinern Schiffen schöpft. (Engl.)

Jiepse: piepsen, wie die kleinen Hühner. „Dä jiepst net mieh": der ist todt. „Hä kann bahl net mieh jiepse": er ist sehr schwach.

Jimmerze: leise jammern.

Jmber: eine Himbeere. Figürlich von den runden rothen Nasen der Trinker gesagt.

Jmmes: s. o. Emmes.

Jnschenie: Naturanlage, Gemüthsart (ingenium).

Jnzel, Jnselt: Unschlitt. „En Jnzelskeerz": eine Unschlittkerze.

Johannisfinkelche: der Johanniskäfer.

Jtem, itemche: ein Grundstück, eine kleine Parzelle. (Vgl. das Salzburgische Jdiotikon von Hübner.)

Juffer: eine Libelle, Wassernymphe.

Jukkele: wackeln. „Dä Zand jukkelt mir!" Auch für Liebhabereien gesagt, z. B. Dauwejukkeler: Taubennarr; Kartejukkeler: Kartenspieler.

Junge Frau: Anrede an jede unbekannte Frau von

niederm Stande, wobei das Alter nicht berücksichtigt wird. Im Holländischen bezeichnet Jouffrow ebenfalls eine Frau niedern Standes.

Insep: der Unterrock (jupes). 2) Joseph.

Just: geheuer. „En dem Haus es et net just“: es spukt. „En seinem Kopp es et net just!“

Jutsch, eine: eine Gerte, Ruthe, wie man sie als Reitpeitsche braucht.

Iwelich: genug, sattsam. „Dat Sail es iwelich stark!“ „Dä Jung' hat en iweliche Teller voll gäss'!“

Iwerwendlings: über die Hand; bei Nähten besonders angewendet.

Käkes: der Theil des Teiges oder des Breies, der beim Backen desselben über den Rand der Pfanne geräth. Memmekäkes: ein Muttersöhnchen, ein an's Haus gewöhnter Mensch, der dasselbe aus Furcht nicht gerne verläßt.

Kaderich, an der Mosel auch Ketterich: ein Waldweg zum Holzschleifen. In Urkunden: Cadereyda.

Kahr: die Mulde, welche die Metzger zum Tragen des Fleisches gebrauchen.

Kamillebehr: ein Kameel.

Kammfuder, Kammfutter: die Brieftasche.

Kammisohl: eine kurze Tuchjacke.

Kaneel, Kanehl: der Zimmt.

Kännel, Kändel: die Dachrinne, auch das Rohr, welches das Wasser aus der Dachrinne ableitet. (Lat. canalis.)

Kappaus, Kappäusche: ein abgeschlossener, ge=
wöhnlich dunkler Raum im Hause, eine Ecke, welche
zum Aufbewahren von Haushaltungs=Gegenständen
dient. Auch sperrt man wohl 'mal die unartigen
Kinder darin ein.

Kappele: zanken, streiten. Gekappels: Streiterei.

Kappes: der Weißkohl; dann überhaupt jeder Kohl:
ruthe Kappes, braune Kappes ꝛc.

Kappiere: verstehen, begreifen.

Kappores: zerbrochen. (Hebr. kappora, kophar.)
Kappores mache: tödten, vernichten.

Karbatsch: eine starke Peitsche; karbatsche: peitschen.

Karmohl, Carmol: das Tintenfaß. (Span.) Vgl.
Rhein. Antiquarius, Abth. III, Bd. 3, S. 42.

Karneffele: essen. 2) Zerschlagen. „Ech han em bä
Kopp karneffelt."

Karweichelche, das: das Eichhörnchen.

Kaste: ein Haufen von Fruchtgarben, wie solche auf
dem Felde zusammengestellt werden.

Kätt': Katharina.

Katzekopp: ein Böller.

Kauche: sich auf die Fersen niederlassen, sich bücken.
Auch von Personen, die bei Mißbildung der Brust
einen kurzen Athem haben. „Hä es gekaucht!"
Kauche, als Hauptwort: ein Käfig, ein enges
Stübchen. (Holl.)

Kaul, die: die Grube, ein Loch. Schinnkaul: der
Schinbanger.

Keilkopp: ein obstinater Kopf; Schimpfwort, scherz=
haft gebraucht. 2) Auch die Kaulquappe.

Keit: ein Korn; dann überhaupt ein wenig von etwas, eine Spur davon, z. B. „ä Keit Brud": etwas Brod; „ä Hohrkeit": ein Stückchen eines Haares. „Et fehlt kai Hohrkeit": es paßt ganz genau. „Kai kicks Keitche": gar nichts. „Net mieh zo Keit komme": nicht mehr aufkommen, unterliegen, sterben.

Kennes: Kenntniß. „Ech han kai Kennes dervon."

Kermse: keuchen, ächzen.

Keskedi: der Degen. (»Que ce qu'il dit?« mit der Handbewegung nach dem Degen.) „Lohßt Eure Keskedi norens steche!" Vielleicht aus der Zeit der Emigranten.

Ketzere: ärgern, necken.

Kewirz: der Maikäfer.

Kippa...: der Wolf, wie man ihn vom Reiten erhält.

Kippe: das Spiel mit gefärbten Eiern, bei welchem man durch Gegeneinanderschlagen (kippen) erprobt, welches das stärkere Ei ist; diesem fällt das schwächere zu. Zur Osterzeit gebräuchlich.

Kissel: der Hagel; **kissele:** hageln.

Kitt: quitt (wenn zwischen Mehreren eine Ausgleichung stattgefunden).

Kiwelche, Schweinekiwelche: der halbe Schweine-Unterkiefer, resp. Kopf, wie man ihn geräuchert besonders zu dicken Bohnen ißt.

Klabastere: schwätzen, klatschen wie alte Weiber. Davon **Klabay:** ein Anträger, Schwätzer, Plaudertasche, Klatscherin. (Franz. clabauder.)

Klamm: ein wenig feucht, dumpfig.

Klämschig: langsam, namentlich von Jemanden, der spricht, als müßte man ihm die einzelnen Worte aus dem Munde ziehen.

Klappe: passen. „Et klappt wie en Faust of 't Au!"

Klauster, das: ein Vorlegeschloß.

Klempe: das einfache Anschlagen der Glocke, wie es bei Brand, bei der halben Messe ꝛc. geschieht.

Klenne: nach der Lese der Trauben etwa stehen geblieebene Trauben suchen, Nachlese halten. (Aus dem Franz. glaner.)

Kleppere: schlagen. Die Eier kleppern: sie so lange schlagen, bis Eiweiß und Dotter zusammen Eine Masse bilden.

Klingelsfeeß: Ochsenfüße, ein schlechtes Essen armer Leute, daher: „Friß dau dat ganze Johr Klingelsfeeß!"

Klipperklapper: ein hölzernes Instrument, durch dessen Schwenkung ein Hammer auf ein Brett schlägt. Es vertritt von Gründonnerstag bis Ostersonntag die Glocke und wird beim katholischen Gottesdienst statt dieser gebraucht. Auch verkündet man die Zeit damit; es bilden sich Trupps von Jungen, die durch die Straßen ziehen und nach einem gemeinsamen Klappern rufen: „Mir klippere on klappere 10, 11, 12 Uhr!"

Klotter, die: eine dicke Nase. **Kliesnaf'.**

Klowe, Klöfche: kurze Pfeife, namentlich eine irdene, ein Stummel, Nasewärmer. 2) Ein eiserner Haken.

Klufft, die: die Feuerzange. 2) Ein Ast oder Zweig, an dem eine größere Menge Obst, Kirschen, Aepfel ꝛc.

gedrängt zusammenhängen; daher auch: „Klüsstches=
Kiersche", da diese gern zusammensitzen. 3) Ueber=
haupt eine Gruppe, z. B. eine Klufft Bäume.

Knaatschig: teigig, nicht ausgebacken.

Knaiele: nagen. „En Kurscht Brud knaiele." „Herz=
knaieler": Einer, der durch bissige Reden einen
Andern fortwährend quält.

Knaps: enge, wenig, kaum.

Knatsch: ein schlammiger Dreck.

Knautzges: Kinderspiel mit Klickern. Findet sich dabei
ein Hinderniß für den Lauf des Klickers, so darf dies
unter dem Ruf „Alle sje" (Alles weg!) beseitigt werden.

Kneib: oft für Kreide.

Kneistbeutel: ein Knicker, Geizhals.

Kneller, Knöller: schlechter, stinkender Rauchtabak.

Knesbes, der: ein Geizhals.

Knipse: mit Zeigefinger und Daumen einen Schneller
schlagen. Auch bei dem Spiel mit Klickern (Knautzges)
gebräuchlich.

Knirwele: mit den Zähnen knirschen; dann auch an
etwas nagen.

Knirzche: ein Stückchen. „E Knirzche Brud."

Knispere, knuspere: nagen.

Kniwele: nagend essen. „Wie lang kniwels Dau an
dem Knoche?"

Kniwes: eine kleine Person. Boxekniwes: ein
kleiner Junge, der die ersten Hosen trägt.

Knolle: die Runkelrübe. 2) Ein rauher Mensch.
Schiffsknolle: Schiffsknecht. Knollig: über=
mäßig, stark.

Knörschele: knirschen, mit den Zähnen.

Knorwel: ein Schnaps, ein Glas Branntwein. „E Werſche!"

Knottern: zanken, brummen. „Dä knottert dä ganze Dach!" Knotterpitter.

Knoweloch mache, dä Knoweloch ſpille: Complimente machen, den Zuvorkommenden spielen, mit Dienſtbefliſſenheit ſich aufdrängen. Von einem alten Stadtbiener in Coblenz, Knobloch mit Namen, übrig geblieben.

Knubbe: ein knorriger Holzklotz.

Knubbel, der: eine Erhöhung, Beule, Knorren oder Knoten.

Knuffe: mit der geballten Fauſt heimliche Stöße geben, ſchlagen. Knuff: der Schlag, Stoß mit der Fauſt.

Knurz: ein kleiner Menſch.

Knuſſele: nagen.

Knuutſche: brücken, zuſammenpreſſen, oft mit dem Nebenbegriff der Zärtlichkeit. „Ech han dat Mädche geknuutſcht! et leeß ſech ower och knuutſche!" 2) Bezeichnung für (ſchlechte) Bäcker: Knuutſch= bäcker.

Kobes, Kowes: Jakob. „Dat Köwesche es net gruß!" Eine allgemeine Redensart iſt: „Kowes, böck Dech!" und eine eigenthümliche, daß man einen Unbekannten mit dem Namen A....bloſe=Jokob bezeichnet. „Wer hat das gethan?" — „Dä A....= bloſe=Jokob!"

Kolk, der: der Auswurf, das Ausgeworfene (sputum conglobatum).

Kompier: der Gevatter (compère). Kompiersch: die Gevatterin.

Konn: der Kunde. Ironisch: ein pfiffiger, durchtriebener Gast.

Koppstännig, kopfstänbig: eigensinnig.

Korbel, die: der Bindfaden (corde).

Korn, das: der Roggen.

Kornwolf: der Hamster.

Korst, Kurscht: die Kruste, namentlich die Brodkruste, die Rinde.

Koke: husten, namentlich wenn damit Auswurf verbunden ist. Dann auch 2) sich erbrechen. Kok oder Koker: der Husten. Kokig oder kokerich: zum Husten mit Speien geneigt, übel, brecherisch.

Kokele, verkokele: tauschen, vertauschen, unter Kindern.

Krabbele: kriechen, wimmeln. Krabbelich. Gekrabbels. Letzteres auch von schlechter Schrift gebraucht.

Krächze, krecke: ächzen, unter einer Last oder Anstrengung, beim Bücken, Holzhauen zc.

Kracks: eine Tragbahre für Holz.

Krahnen, der: nicht nur die Hebemaschine für schwere Lasten, sondern auch der Hahn, den man zum Abzapfen von Flüssigkeiten gebraucht.

Krampagne: ein Fluch. „Krich Dau die Krampagne!"

Krampe on Mallje: Haken und Öse. (Fr. maille.) Krampemann: ein Mennonit. Die Mennoniten tragen statt der Knöpfe Haken und Öse an den Röcken.

Krangeler: ein unfreundlicher, finsterer Mensch. Krangele: verdrießlich Alles tadeln.

Kränk, die: die fallende Sucht, die Epilepsie, im Altdeutschen die „Sent Cornelius-Kränkte" genannt. „Krich die schwer Kränk!"

Krapsche: fangen, haschen, erwischen. „Krapsch dä Gabball!"

Kratzbierscht: eine streitsüchtige, hinterlistige Person.

Kraut: jedes Grüne zum Viehfutter, Gras, Klee ꝛc., daher kraute: solches mit der Sichel abmähen. Kraut heißt ferner der eingekochte Saft der Früchte, z. B. der Birnen: Bierekraut, oder eine Latwerge derselben, z. B. der Pflaumen: Quetschekraut.

Kreische, auch kreitsche geschrieben: 1) weinen; 2) etwas Wasser in heißes Oel gießen, um dasselbe gnießbar zu machen. Es entsteht dabei ein eigenthümliches Geräusch. Rüböl wird gekreitscht, um zum Salat gebraucht werden zu können.

Krekele: die kleinste Art der species prunus, welche genießbar ist; es folgen: Schlehe, Krekele, Praume, Quetsche.

Kriewe: der Schorf von einem Ausschlag. Dann auch 2) das Ueberbleibsel von ausgelassenem Speck.

Krimmel, der: die Krume. „E klai Krimmelche Brud."

Kringel: das gepolsterte Kissen, welches man beim Tragen einer Last auf dem Kopf unter dieselbe legt. (Auf dem Hundsrücken: Kitschel.) Dann überhaupt alles Runde, namentlich auch ein Weckkringel: ein Kranz von Weizenmehl.

Kringele: sich kräuseln.

Krippchen, ein: eine Darstellung der Geburt Christi im Stalle, welche man zu Weihnachten aufzustellen pflegt.

Krippebisser: ein Pferd, welches in die Krippe setzt, dann 2) ein boshafter, zänkischer Mensch, der Kleinigkeiten zum Streite sucht und benutzt.

Krips: der Hals. „Krich en beim Krips!"

Krisch: ein Aufschrei, Schrei. „Of aimol doht et en Krisch!"

Krittlich: verdrießlich, wunderlich. Einer, dem nichts recht zu machen.

Kriwele: kriechen und dadurch das Gefühl von Jucken verursachen. Kriwelich: kitzlich.

Krohles: der Messejunge, der Knabe, der dem Messe lesenden Priester antwortet und aufwartet. Früherhin auch ein Junge, der im Chor mitsang, daher Choralis, Krohles; im Kölnischen: Kröhles.

Krolle: kräuseln, in Locken legen. Daher Krollkopf: der Lockenkopf, und Krolle: die Locke.

Kromm, die: die Sichel.

Kropich: kränklich, schwach, elend.

Kroppe: ein eiserner Topf.

Kroppsack: ein kleiner Junge. Schmeichelwort bei Schelmerei, Scheltwort bei Zudringlichkeit.

Krotz, die: 1) das Samengehäuse im Kernobst; 2) der Adamsapfel am Kehlkopf; 3) etwas verkrüppeltes, verwachsenes, nicht ausgewachsenes, zusammengeschrumpftes Obst; auch von Menschen und Thieren.

Krotze: die sehr porösen, braunrothen Steine, schlacken=

artige Lava, die behauen zu Bausteinen, unbehauen zu Grotten ꝛc. benutzt wird.

Krumpele, krompele: etwas durch Druck in unrechte Falten bringen, zusammendrücken. „Dat Papier es verkrompelt!" Krompelich: faltig.

Krutsch: die Kröte.

Kubbe: der Haufen.

Kull, der: der Raps, Rübsamen.

Kumkummere: Gurken (concombre).

Kummer, Kommer, Kumber: die Erde, das Ge= rölle, der Schutt, wie er z. B. aus einem Stein= bruch fortgebracht werden muß. (Décombre.) Da= her auch bekümmere: einen Weinberg mit Stein= und Schiefer=Gerölle versehen, um ihn zu verbessern, zu büngen.

Kump: eine tiefe Schüssel; kumpicht: vertieft.

Kümpel: eine Vertiefung, in welcher sich Wasser ge= sammelt hat.

Kunkele gehen: mit einer Larve Abends in der Fast= nachtszeit von Haus zu Haus herumziehen. (v. B.)

Kunkelefause: Redensarten, Ausflüchte.

Kuranze: prügeln.

Kuttere: girren, wie die Tauben; daher auch: ver= liebt mit einander thun. 2) Die ersten Töne her= vorbringen, die ersten Singversuche anstellen, bei Singvögeln.

Laaken: das Leintuch.

Laar: hierhin. „Lrgst Dau et gleich laar!"

Lafumm: die große Trommel.

Lämmes, der, im Plural die Lämmese: das Lamm, Schaf.

Lange: geben, reichen. „Lang' mer mol bä Bornskrog!" „Ech han em ain gelangt!" nämlich eine Ohrfeige. Dann 2) ausreichen. „Et langt net": es ist nicht genug, es reicht nicht aus.

Langs: vorbei; langsgehen: vorbeigehen. „Langs die Schule gehen": die Schule schwänzen.

Langsam: leise. „Schwätz' langsam!"

Länne: landen, etwas aus dem Wasser an's Ufer bringen.

Läppere: wenig auf einmal, aber fortwährend, häufig trinken. „Hä läppert bä ganze Dach!" Etwas langsam zusammenbringen: „et läppert sech zesamme."

Lappes: ein Laffe, langer Schlingel; auch: Laakes.

Läpsch: fade, geschmacklos. Läpsch, die: die hangende Unterlippe.

Läpsche: verschütten, eine Flüssigkeit durch Schwanken zum Ueberlaufen bringen; auch von Kindern gesagt, die mit Wasser spielen.

Last: die Menge. „Et wor Der en Last Leut' zesamme!"

Lästerlich: sehr, stark, gar schlimm. „Se han en lästerlech zerschlohn!" „Die hat ä lesterlech Maul!"

Latsch: eine schmutzige, nachlässige Weibsperson, auch in höherer Potenz Lulatsch, Tralatsch genannt (lâche); latschig: nachlässig (mal-propre, dégoutant). (Vergl. Sophiens Reise von Memel nach Sachsen, VI, S. 586.)

Lätschig: schmierig, weich, kothig, von anhaltendem Regen.

Latz, die: die Schlundröhre des Schweins, welche auf-
geblasen und zugebunden durch Druck allerlei Töne
von sich gibt, aber nur zum Ergötzen der lieben Jugend.

Latze: zahlen. „Et bleef em nix üwrig, ä moßt' latze!"

Lauere, laustere: lauschen, horchen; belaustere.

Laurig: träge, schlaff, als wenn eine Krankheit im
Entstehen wäre, eine solche bereits im Körper steckte.

Lausangel: Schimpfwort.

Lauter: fortwährend, anhaltend. „Ä hat lauter ge-
sunge."

Lavelang: ein hochaufgeschossener Mensch, ein langer
Schlingel. Von einem in Coblenz verstorbenen Herrn
von Lavelang, der von ungewöhnlicher Leibeslänge
und sehr starkem Appetit war. (Vgl. Rheinischer
Antiquarius, Abth. I, Bd. 2, S. 359.)

Lebere: prügeln; Einen lederweich schlagen, ihn
gärwe, dorchgärwe: gerben.

Leberwein: der Wein, den man während des Ab-
stechens, wozu oft Freunde eingeladen werden, trinkt;
die Proben, die zu dieser Zeit genommen werden.

Legel: ein ausgepichter Korb mit Handhaben, der
nicht auf dem Rücken, sondern an den Handhaben
getragen und bei der Traubenlese gebraucht wird.

Leichtschlägig: leichtsinnig.

Leid, das: die Epilepsie. Das Schwalbenleid: weil
die Schwalben oft der Krankheit unterworfen sind.
Schwer Leid: ebenfalls diese Krankheit, gewöhnlich
aber nur als Ausruf, Schimpfwort, gebraucht.

Leide, den, an etwas essen: den Ekel, so daß es
Einem widersteht.

Leibstännig were: von einem Vorhaben, Kaufe ꝛc. wieder abstehen, da es Einem leid geworden. (Vgl. Görres, gesammelte Briefe, S. 304.)

Leiere: langsam arbeiten. „Besser geleiert, als ganz gefeiert.“ Vorleiere: langsam erzählen, vorschwätzen.

Leim, Laim, o Laim! ein Ausruf des Erstaunens, der Verwunderung.

Leimsieder, ein: ein stiller, abgeschlossener Mensch.

Leineschlepper: Schiffzieher.

Leinzeichen: Merkzeichen, Narbe.

Leiskämmkamm: jeder enge Kamm.

Leiskaul, die: die Nackengrube.

Leitz: ein dünnes, auf beiden Seiten zugespitztes Hölzchen, welches zu einem Kinderspiel dient; dann auch von einem kleinen, schmächtigen Menschen: „Hä es esu dihr wie en Leitz!“

Lembere: langsam forttreiben, fortrollen, werfen; langsam arbeiten.

Letsch, Lettig: die fette Erde aus dem Rhein.

Letzt: 1) Schluß. „Zu guter Letzt“: zum Abschied. 2) Für letzthin, neulich.

Lo, loh, eloh: hier, da.

Lonze, lunze: zwischen Schlaf und Wachen daliegen; Morgens, statt aufzustehen, liegen bleiben und seinen Gedanken nachhängen.

Loshaben, etwas: etwas verstehen. „Ä hat et los.“

Loslebig: unverheirathet.

Luhs (lose): pfiffig, gescheidt, verschlagen.

Lümmel, Lümmelbraten: der Lendenbraten.

Lummerich: weich, schlaff.

Lunke: durchschlagen, wie beim ungeleimten Papier; auch schlecht stehen: „die Sach' lunkt." Lunke= papier: Löschpapier.

Lünn, die: der Radnagel.

Lutsche: säugen; Lutscher: ein Sauglappen für kleine Kinder. Dagegen Lutsche als Hauptwort: ein Paar Pantoffeln, weite Schuhe.

Maar, das: der Alp, das Alpdrücken (cauchemar).

Maas: trocken; die Kuh, die keine Milch mehr gibt, ist maas. Brod, das trocken, ist maas, besonders wenn es an einem feuchten Ort, z. B. dem Keller, gelegen, und daher die Kruste etwas weich ist.

Magsame: der Mohn.

Mähre: anbinden, festmachen, eigentlich nur bei Schiffen gebräuchlich; doch sagt man auch, wenn Einer oder Eine zu einer Verlobung veranlaßt wurde, der oder die ist gemährt.

Mai, Maiche, Mrei: Maria.

Maibele: quälen. „Maibel doch bat Büelche net esu!"

Maisekahr: eine Falle, um Meisen zu fangen.

Makes, Mackes: Schläge. Machaie (hebräisch): Hiebe austheilen.

Manes: Hermann.

Manifest: der Frachtbrief des Schiffers.

Mankire: fehlen, mangeln (manquer).

Mann, die: der Waschkorb (holl. mand).

Männcher: Sprünge. Männcher mache: sich durch allerlei Redensarten aus einer Sache zu wickeln suchen. „Mach' mer kai Männcher!"

Mannefik: herrlich (magnifique).

Mann Gottes: Anrede an jeden unbekannten Mann niedern Staudes.

Manschele: essen, und zwar gerade nicht säuberlich.

Mantenere: behaupten, erhalten (maintenir).

Marirele: quälen, scherzweise auch für töbten. (Kinder=sprache.)

Markolf: der Häher.

Marmel, Marmelstein: der Marmor.

Martilien: martern.

Materie, Matericht: der Eiter.

Matsch, Matrasch: starker Dreck, Schmutz auf Straßen und Wegen.

Matsche: durcheinandermengen, werfen, wühlen, mit dem Nebenbegriff der Unreinlichkeit. Ebenso: mubbele.

Maul, Baul: der Kuß. „Gef mer en Maul": küsse mich! Auch: en Maul mache: verdrießlich sein, mutze. Ein großes Maul haben: prahlen. Maulmoß: maulmaß, passend. „Dat Geld kohm mer maulmoß."

Mause: suchen, visitiren, mit einer gewissen Frechheit in Sachen wühlen. Mausig: frech. „Mach' Dech net mausig": trete mir nicht so frech entgegen!

Mausohr: Feldsalat (Valerianella olitoria).

Mautsch, Mauz: ein beliebter Katzenname, daher auch die Katze selbst. Aber in die Mautsch thun, sagt man von Obst, das, noch nicht ganz reif, auf Stroh, in Häcksel 2c. gelegt wird, um auszureifen.

Mareliefge oder gar Miremareliefge: Maaslieb (Bellis perennis).

Mayletzig: elend, schlecht, von maladie, maletzig. Die Aussätzigen hießen Maletzige, Malitzen, daher auch Melaten.

Merwes: mürbes Backwerk.

Merzamschel: die Schwarzdrossel. Auch nennt man ein aufgewecktes, munteres Kind „en recht Merzamschel."

Mexter: Metzger.

Miezekalb: ein Kalb weiblichen Geschlechts.

Minderjährig: wird stets verkehrt für großjährig gebraucht. „Hä es schuns minnerjährig!"

Minn: ein kleiner Fisch (squalius leuciscus). Raubminne, auch Jubbefisch.

Minnere: mindern, beim Stricken die Zahl der Maschen vermindern, Gegensatz von heben: sie vermehren.

Missel, der: eine Unklarheit, ein Zweifel, Hinterhalt. Den Missel merken!

Misserawelche: ein kleiner Schoppen; ein Schoppen, der miserabel klein ist.

Mittlere: theilen, aber nur in zwei Theile.

Moldorf: der Maulwurf.

Möll: weich. „Die Biere sein möll!" (Franz. mol, lat. mollis, holl. mollig.)

Mollbere: Heidelbeeren.

Molter: derjenige Theil vom Mehl, welcher dem Müller als Mahllohn zukommt.

Momper: der Vormund.

Montag, der schwere Montag heißt der Montag nach h. drei Königen, an welchem Tage früherhin alle Gemeindebeamten, die Schöffen, Schützen ꝛc. schwören mußten. Also eigentlich: Schwör=Montag.

Möpfe: stinken, dumpfig riechen.

Mörbel, Mörwel: der Klicker.

Mottekopp: ein eigensinniger Mensch. Alles Geheim= nißvolle, alles ganz Absonderliche steht, auf die Frage: woher? im „Buch Mottekopp!"

Motze: schmollen, mit Jemanden grollen, nicht mit ihm reden, verdrießlich herumgehen und seinen Aerger zeigen, ohne darüber zu sprechen. (Holl. moppen.)

Muck: das Mutterschwein.

Mücke: die Fliege.

Muckelich: dick, fett, abgerundet.

Muckfe: sich regen, bewegen, einen Laut von sich geben, (Geräusch machen. „Muckf' Dech net": halte Dich ganz still!

Müffele: rasch essen, geschwind hintereinander die Brocken in den Mund stecken (holl. muffeln); dann von Jemanden, der wegen Mangel an Zähnen nicht mehr gut kauen kann und nun die Brocken im Munde hin und herwirft. Eine Muffel: eine Mundvoll.

Müffze: dumpfig, schimmelig riechen, stinken.

Muhkalb: ein Gespenst, welches sich den Leuten auf den Rücken setzt. (S. Rhein. Antiquarius, Abth. I, Bd. 2, S. 544.)

Muhre, Möhren, gelbe Rüben.

Mutter=selig=allein: ganz allein.

Nache: ein Kahn; **Fährnache:** der Kahn, der zum Ueberfahren bestimmt ist.

Nächstemal: heißt stets das letztemal, durch Verwechslung des Begriffs. „Dat nächstemohl stond dat Waffer ewe su huh.“ „Als Dau dat nächstemohl hie wohrst.“

Nackele: necken, gern Streit suchen; nackelich: streitsüchtig; Genackel: ein quälendes Necken.

Nägelche, Nägelches=Baum: der Flieder, der spanische Flieberbaum (Syringa vulgaris).

Nähle: zaubern, zögern; nählich: zaubernd.

Nämes: Niemand.

Narrebei: Narrheit, gecke Werk, Narrenpossen.

Nästes: Ernst. 2) Ein eigensinniger Kopf.

Naupe: böse, listige Einfälle, Kniffe und Ränke. „Dä hat bä Kopp voller Naupe.“ 2) Schwierigkeiten. „Dat Dinge hat sein' Naupe“: ist nicht so leicht, als es sich ansieht.

Nauze: ein leichtes Backwerk, welches nur zur Fastnacht bereitet wird. (Köln. Muzen.)

Nergeln: ärgern, quälen.

Nestelich: empfindlich, leicht reizbar.

Nest= oder Nußquack: das Jüngste im Neste, überhaupt das Jüngste von Mehreren, meist mit dem Nebenbegriff der Schwäche, Kleinheit.

Niederträchtig: herablassend, nicht hochmüthig.

Niffneff: jede Person, die eine Hasenscharte und dadurch eine gestörte Sprache hat, bezeichnet man mit diesem Namen.

Norens: nur.

Nuckes: die Sau.

Nuppe: ein Spiel mit Lebkuchen. Die Kunst besteht

darin, einen zähen Lebkuchen mit der Hand oder auch mit einem Messer durchzuschlagen; letzteres muß aber auf eine eigenthümliche Weise zwischen den Fingern gehalten werden. (S. Rhein. Antiquarius, Abth. I, Bd. 2, S. 361.)

Obsternat: eigensinnig, halsstarrig (obstiné).

Demmes: Jemand.

Ohlig: Oel. Bahmohlig: Baumöl.

Ohmere: die heiße Asche. „Stell' mer dat Döppche en die Ohmere!"

Ohmetz: die Ameise.

Onmohß, das: Arbeit, Beschwer, die man etwa umgehen könnte, nicht absolut nothwendig ist.

Ort, Oerter: fast nur im Plural gebräuchlich. Die Oerter: die Ahle, Instrument der Sattler und Schuster zum Vorstechen.

Owig: oben.

Paddere: etwas festtreten, feststampfen mit den Füßen; Pad: der Pfad.

Palm: Buchsbaum, dessen grüne Zweige am Palmsonntage in der katholischen Kirche gesegnet werden.

Panz: der Bauch, namentlich ein dicker; panzig: etwas, was viel Bauch hat, z. B. ein panziger Krug. A bon yvrongne, bonne pance: bono potatori, largus venter.

Pärsch, die: der Pfirsich, die Pfirsche.

Part, Halfpart: Theil, der halbe Theil.

Patt, Pätter: der Pathe.

Pätze: kneifen, pitschen; auch als Hauptwort: „Dä setzt en der Pätz'": in der Enge, Verlegenheit.

Peilcher: die ersten Kielfedern der Vögel.

Pelzig: unempfindlich, geschmacklos. „Dä Räbig es pelzig": der Rettig ist im Innern faserig und ohne Schärfe.

Penur: Noth, Bedrängniß (penuria).

Perdsbehr: der schwarze Mistkäfer. Auch von einem unbeholfenen Menschen: „Dau bes e recht Perdsbehr!"

Petterich: die Radstube bei einer Mühle.

Peuterich: eine kleine, dicke Person, ein kleiner, dicker, wohlhäbiger Kerl, ein Fresser.

Pexiere: sündigen, etwas Böses thun (peccare). „Wat hat hä pexiert!"

Pichele: gehörig trinken, langsam, aber anhaltend trinken. „Dä pichelt aine Schoppe noh dem annere!"

Pick: Haß, Groll. „Nomm Dech enaacht vur dem, dä hat en Pick of Dech!"

Pickel, Peckel: eine Haue zum Steinbrechen, zum Aufhauen harter Erde. 2) Der Bauer. „Dat es en rechter Peckel": ein grober, ungeschlachter Bauer. 3) Salzlake.

Pinn: ein hölzerner Stift oder Nagel; davon pinnärsche: Jemanden quälen, ihm zusetzen.

Pipse: kränklich sein, stets klagen, stöhnen; 2) leise sprechen, daher: „Hä soht kai Pips-Wohrt": er sagte kein Pips-Wort. Pipsig sein: sehr empfindlich für äußere Einflüsse, kränklich.

Pittele: mit den Händen fortwährend an etwas spielen, an etwas rupfen. „Pittel net lauter an der

Naf'." „Pittel net esu em Esse herom!" Dann
2) an etwas Feinem mit großer Geduld arbeiten.
„Ech pittele schuns bä ganze Morje an der Uhr!"
„Dat es en pittliche Arbeit." Pitteler: Einer,
der pittliche Arbeiten macht.

Pittermännche: Petermännchen, eine kleine kur=
trierische Münze.

Placke: Lappen, Flicklappen. „Dä Rock es ganz voll
Placke!" Daher auch: bunte Flecken. „Dä hat en
ruthe Placke em Gesicht!" (Fr. plaque.) Plackig:
voller Lappen oder Flecken. 2) Zerstreut, vereinzelt.
„Dat Geld giht esu plackig en!"

Plärze: s. o. blärze.

Plätsche: schlagen, daß es schallt. „Gef dem Kenn
ä paar Plätsch of bä Hennere!" Plätsch: der
Schlag, aber auch der Schlägel. Misteplätsch:
das Instrument, womit man den Mist festschlägt.
„Et rähnt, dat et plätscht!" daher auch: „plätsch
naß": durch und durch naß. „Laut platscht der Lose
in die Flut," sagt Kinkel in „Otto der Schütz".

Platz, Blatz: ein feiner Brodkuchen aus Weizenmehl,
den man besonders zur Kirmes backt, daher: Kirmes=
platz. „Marje Jurem, Dau schmeerst Der of bä
Platz noch Botter!" „Wellst Dau ä merv Plätzche?"
„En Appelplatz."

Plotze: fallen. Ein geplotzter Apfel ist ein solcher, der
abgeschüttelt worden und die Spuren des Falles zeigt.
2) Stark rauchen. „Dau plotzst jo ferchterlech!"

Plünnere: zuweilen für ausziehen, Wohnung wechseln.
„Ech sein em Plünnere": im Ausziehen begriffen.

Pommer: ein Spitzhund.

Poort: das Thor (la porte).

Pörtzche, ein: ein Trinkgefäß mit Henkel aus Stein-
gut, etwa einen Schoppen haltend. „Ech tronk mei
Pörtzche, als 2c." (Lat. portiuncula.)

Potelaunes mache: Einen übervortheilen. Ein
Potelaunesmacher: ein Betrüger im Handel.

Potz: eine eiternde Talgdrüse, Hitzblatter (pustula).

Preambel: die Vorrede, überhaupt Redensarten. (Fr.
préambule.)

Preische: ein Fünfgroschenstück. Auch: „E halv
Preische."

Presse, sich: sich grämen. (Vgl. Braß.)

Primm, Primmche: die Quantität Tabak, die zum
Kauen auf einmal in den Mund genommen wird.

Pritsch: fort, weg. „Wat ech gewonne han, es alt
widder pritsch!"

Pritsche: Jemanden über eine Bank legen und prügeln;
geschah namentlich denjenigen, die bei der Lese Trauben
an einem Stock hängen ließen, in scherzhafter Weise.

Privet: der Abtritt.

Prutsch mache: s. o. Brutsch.

Pubbel: ganz und gar, durchaus. „Dat Kend wor
pubbelnackig! et wor pubbelnaß!" „Ech fein pubbel-
weich zerschlohn!" Pubbel, als Hauptwort: der
Pfuhl, speciell die Gosse, die Straßenrinne. Pub-
bele: mit den Händen im Wasser spielen, plätschern.

Puhbe: die Pfote, die Finger. Puhbegrempisch:
podagraisch, gichtisch in den Fingern. Auch von
Hühnern, wenn sie nicht gehen können.

Pullak, Punnier, Bruttier: Schimpfworte und Hundenamen, wie denn den Hunden der Metzger gern Völkernamen gegeben werden, z. B. Spanier, Terk. Hannak möchte auch hierher gehören.

Punge: ein Strohbund, Wirrstroh.

Pur: rein, unvermengt. „Et wor pure Stolz bei em!" „Dat es pure Waize!"

Pürzelich: ärgerlich, das Gefühl in Folge eines Aergers. „Et es om pürzelich zo were": es ist um toll zu werden. Auch von einem Mädchen, das viel auf den Straßen, in Häusern ꝛc. herumläuft.

Pütz: der Brunnen. Auf dem Markt in Coblenz war der alte Bachemer-, später Bacher-Pütz, der jetzt durch eine Pumpe verdrängt ist. (Lat. puteus.)

Quackler: ein auf jede Kleinigkeit sehender Mensch, der mit Ueberlegen nie fertig wird, stets Scrupel hat. Quackele, abquackele: abhandeln, abziehen. „Hä moß am Luhn abquackele!"

Quant: ein Schelm, ein loser Vogel (Kunde). „Dat soll wohl en Quant sein!"

Quarge: herunterwürgen, mit Mühe verschlingen; 2) nicht vorwärts kommen, nicht gedeihen. „Bei dem Weber quargt Alles."

Quatsch: weich, leicht zerdrückbar, wie Dreck, Koth, oder auch was schon zerdrückt ist, z. B. wenn man sich auf eine Tasche mit weichem Obst gesetzt hat, so wird daraus ein Quatsch. Quatschig: was sich leicht zerdrücken läßt. Quatsche: einen Ton als durch Reibung, Druck ꝛc. verursacht hervorbringen; dann auch: dummes, langweiliges Zeug reden. „Hä quatſcht' eſu lang, dat ech dat Ge= quatſch net mie hiere konnt'!"

Queit: quitt, los, lebig, frei.

Queitel: eine kurze Stange, an welcher unten Tuch= Enden, wollene Lappen ꝛc. befeſtigt ſind, um damit auf Schiffen den Fußboden ꝛc. zu reinigen.

Quelle: ſchwellen. Quelsbacke: ein geſchwollener Backen, ſcherzweiſe auch Quelspaketche genannt. 2) Sieden, z. B. Kartoffeln quellen.

Quengele: fortwährend klagen, anhaltend über etwas Unbedeutendes lamentiren.

Quetſch: die Pflaume, Zwetſche.

Quieke: ſchreien wie kleine Kinder, junge Schweine; da letztere dies beſonders thun, wenn ſie geſchlachtet werden, ſo heißt in der Kinderſprache quieken auch ſchlachten.

Quiſel, Quiſſel: eine alte Jungfer oder ein älteres Frauenzimmer, das die Eigenheiten oder Angewöh= nungen einer ſolchen hat. Quiſſelich: daſſelbe, kleinlich und auf Angewöhnungen beſtehend. (Quae est sola?)

Rabalgepack: Geſindel (rabaud, racaille).

Rabſche: haſtig nach etwas greifen, es wegnehmen. In die Rabſch werfen: etwas unter die Leute werfen, ſo daß derjenige, der es rabſcht, d. h. haſtig erfaßt, es behält.

Rabus: Aerger, Zorn. „Dä es arg en der Rabus!"

Rächemſe: ſtinken. „Dat Flaiſch rächemſt."

Rack oder racke: eine Betheuerung, die etwa mit
„durchaus" oder „ganz" gleichbedeutend ist. „Dat
Perd es rackedud! et feel rack om!" „Dat Faß es
rackevoll!" (Vgl. Auerbachs Dorfgeschichten, Stutt=
gart, 1854, 3. Bd. S. 284.) 2) Angespannt, steif.
„Dat Sail es rack!"

Racker: ein unempfindlicher, brutaler Mensch, der
einen Andern sich abrackern läßt, sei es Mensch
oder Vieh; ein Schinder. Rackere: sich abarbeiten,
quälen, mit Arbeit gleichsam schinden; abrackere: sich
oder einen Andern mit übermäßiger Arbeit belasten.

Raffschniß: ein zahnloser Mund.

Rähkele: sich faul und ungeschickt ausruhen, gegen
etwas lehnen in flegelhafter Manier, ungeschliffen
ausdehnen. Rähkel: ein ungeschickter Mensch, der
nicht weiß, wo er Arme und Beine unterbringen soll.

Rahm, Wingertsrahm: Pfahl, der Pfahl für einen
Traubenstock.

Raibsche, ofraibsche: rülpsen, aufstoßen. „Dem
weerd et noch üwel ofraibsche": schlecht bekommen.

Raibel: das kurze Holz, durch dessen Drehen man
einen Strick, eine Kette rc. fest anspannt, sie rai=
belt. Raibele (auch öfters fraibele): fest an=
spannen, zusammenschnüren. Raibel nennt man
auch einen einfachen, unten durchlöcherten Kasten
zur Reinigung des Getreides unmittelbar nach dem
Dreschen.

Rait, räth: fertig. (Fr. prêt, holl. ree.)

Rambas: saurer, schlechter Wein, von niedern Reben
(rames basses) gezogen. 2) Ironisch: Prügel.

Rammore: lärmen, besonders wenn man etwas sucht und dabei Alles durcheinanderwirft.

Ramsche: etwas haftig ergreifen, an sich ziehen, raf= fen (ramasser) mit dem Nebenbegriff des Stehlens.

Ramschnas': eine Adlernase. Die Pferde mit ge= bogenem Vorderkopfe, wie sie früher häufig auf dem Westerwald, im Holstein'schen 2c. gezogen wurden, hatten Ramschköpfe.

Ramüner: die Veltliner Traube, während die Tra= miner Traube durch „roth Riesling" bezeichnet wird.

Ranft: der Rand.

Range: ein großes Stück von etwas, z. B. „en Range Brud": ein großes Stück Brod. (Vgl. Auerbachs Dorfgeschichten, Bd. 4, S. 10.)

Ranze: der Tornister. Im „Schulleranze" werden die Bücher 2c. in die Schule getragen. 2) Der Bauch, namentlich wenn er dick ist. „Dä hat sech dä Ranze gehörig vollgeschlohn!" 3) Balgen, schlagen.

Ranzionire: sich beköstigen.

Rappele: fig. nicht recht gescheidt sein. „Et rappelt em em Kopp!" Daher: rappelköppisch. „Hä hat en Rappel!"

Rattekahl: ganz und gar kahl, wie pubbelnaß, racke= bud, retzeruth, goldegehl 2c. „Die Raupe han Alles rattekahl weggefreß!" (Fr. radicalement.)

Rauhvoll: ganz voll, bei Ungeziefer u. dergl. „Dä Honb es rauh voll Flüh!"

Raume: schnell von Statten gehen.

Rebebbes, kahler: Kahlkopf. „Dä kahl Rebebbes!"

Reeje: rudern.

Reibert: der Sack, die Tasche.

Reil: der Zwischenraum zwischen zwei Häusern, auf den beren Dachtraufe fällt (ruelle).

Reller: ein Nothbett, ein zweites Bett, welches am Tage unter das erste gerollt oder geschoben wird. Scherzhaft für Bett überhaupt. „Ech ginn en bä Reller."

Remmel: ein Abhang, wie ein solcher bei abhängigen Feldmarken unter einzelnen Felbern vorkommt; dasselbe bezeichnet auch Räeg, namentlich der Abhang bei Hohlwegen. 2) Ein kurzes dickes Holz, ein kurzer Knotenstock.

Retzeruth: ganz roth, wie rattekahl ꝛc. (S. Auerbachs Dorfgeschichten, Bb. 2, S. 27.)

Rev, Reev: die Rübe.

Rey, die: die obere Fläche des Fußes.

Rieme, der: das Ruder; das kurze Ruber, welches oben eine Krücke hat unb zum Richten kleinerer Fahrzeuge gebraucht wird, heißt bagegen die Streich.

Riffele: ausfasern, in Fäden ziehen. „Dat Zeug riffelt": es fasert, die Fäden gehen los.

Rimmele: etwas zwischen den Fingern reibenb zerkleinern, verkrümmeln.

Ringeltaube: etwas Seltenes, ein ganz besonderes Glück.

Riss': ironisch für Schläge.

Rittel: Röthel.

Röhre, rühre: sich langsam bewegen, von Sand, Korn ꝛc. gesagt, z. B. in Sandgruben, wo das Bewegen einzelner Körnchen — das Rühren — ben

Sturz größerer Massen andeutet. (Holl. roeren.)
So rührt auch die Frucht aus dem Sack, wenn
ein kleines Loch in demselben ist, oder sie rührt
bei allzu großer Reife aus der Aehre.

Rohfig: beliebtes Wort für sehr, eigentlich: rasend.
„E rohfig scheen Mädche!“ „Rohfig vill Leit!“
Solche Worte wechseln; was heute „rohfig“, ist
morgen „barbarisch“, übermorgen „riesig“ u. f. f.

Rollekern: der Kern der Aprikose.

Rolze: sich spielend, aber lärmend und neckend herum=
treiben, sich balgen, wälzen ꝛc. Gerolz: spielendes
Geschäcker.

Rommelspott: ein oben mit einer Thierblase zuge=
bundener irdener Topf; durch diese Blase wird ein
kurzer, etwas rauher Stock gestoßen und hin und
her gezogen, wodurch ein brummender Ton entsteht.
Dazu ward ein Lied gesungen: „Aye, Kolomaye, die
Fraue wolle mitgehe ꝛc.“ und der Ton taktmäßig
hervorgelockt; es war dies besonders zur Fastnachts=
zeit gebräuchlich.

Roppe: rupfen; roppig: klein, unbedeutend; Ropp=
sack: Kroppsack.

Rotzlöffel: ein junger, einfältiger, naseweiser Mensch,
ein Gelbschnabel; bei Frauenzimmern Rotzkachel.

Rubbelbinnes: schlechter, saurer Wein.

Ruckert: der Taubert.

Rückstrang: der Rückgrat.

Rübche: ein Hund männlichen Geschlechts.

Rummel: die rechte Art und Weise. „Hä verstieht
dä Rummel“: er weiß es am besten zu machen.

Ruppel: Rumpel, Falte; ruppelich: rauh, faltig.

Ruthlaaf, Rothlauf: jedes Fieber, jeder heftige
Katarrh.

Säbele, säwele: etwas beim Abschneiden zersetzen
oder zerstückelt abschneiden. „Säwel doch net dat
Brud esu": schneide es nicht so ungleich in unregel=
mäßigen Stücken ab. Absäbele: köpfen.

Sack wird stets für Tasche gebraucht, daher auch Sack=
tuch: Taschentuch; Rocksack rc.; sackdunkel: so
dunkel wie in einem Sack.

Sacke: sich setzen, sinken. „Dat Haus sackt sech": es
sinkt in seinen Mauern zusammen, wie neue Bau=
werke zu thun pflegen. Etwas sacken lassen:
langsam herablassen.

Saige: harnen; Saig, die: der Harn.

Salvet: die Serviette.

Sämig: schleimig. „En sämige Sopp."

Samstag: der Tag vor dem Sonntag, von Sabbaths=
tag. Sonnabend heißt eigentlich Sonntagsabend oder
die Vigilia des Sonntags, und klingt es lächerlich,
von Sonnabends Morgens oder Sonnabends Abends
zu sprechen.

Sang: eine Krankheit der Traubenblätter, die dann
einzutreten pflegt, wenn auf lange Trockenheit an=
haltendes Regenwetter folgt; die Blätter sehen dann
wie versengt aus.

Sawere, sabere: geifern, speicheln, namentlich von
Kindern, welche zahnen. Saifer: der Speichel.

Schaaf: eigentlich das Stroh, hier aber nur in der Bedeutung des Lagers gebraucht, auf welches eine Leiche gelegt wird. „Hä leiht of em Schaaf! Se läute dem Verstorwene of et Schaaf.“

Schaafripp: Schafgarbe (Achillea).

Schaagt: Schachtelhalm (Equisetum).

Schabell, Schawell: das Fußbänkchen, der Schemel.

Schähke: sich rasch bewegen, rasch auf etwas los-gehen. „Dä schähkt of de Kermes!“ Auch beim Schwimmen: „Dä schähkt dorch de Muffel!“

Schalaun: ein pfiffiges, wohl auch hinterlistiges Frauenzimmer.

Schambehre: entlaufen, entfliehen; das französische échappé.

Schängel: Johann.

Schank: Schrank.

Schanze: stark arbeiten, mehr thun, als gebührt.

Schanzeläufer: ein eigenthümlicher Ueberwurf oder Ueberrock (Chance-loup), Mantel mit einfachem Kragen.

Schaskele: trinken. Schaskeler: ein Trinker. Beschaskelt: betrunken.

Schasse, fortschasse: jagen, fortjagen (chasser).

Schätze: meinen, glauben. „Su schätze ech.“

Schauere: scheuern, putzen.

Schaute: ein Narr, namentlich von Pferden, die nicht klar im Kopfe sind, an Dummkoller leiden. (Hebr. schoto.)

Schawesdeckel: der Hut, besonders ein altmodischer. (S. o. Deckel.)

Schawesmäd': eine Stundenfrau, eine Magd zur
  Aushülfe.
Schawill: Hawill, die Hacke. Schawille: emsig,
  anhaltend arbeiten, sich fortwährend anstrengend
  beschäftigen.
Schawué: Wirsing oder Savoyer Kohl.
Scheelß, die: die Schale des Obstes, der Kartoffeln ꝛc.
Scheine, Gescheine: die ersten Triebe des Wein-
  stocks mit den Ansätzen der Trauben. Doppel-
  geschein: wenn aus einem Auge zwei Triebe kommen.
Scheißebeinches tragen: wenn zwei eine dritte
  Person, die sich auf deren zusammengefaßte Hände
  setzt, tragen.
Schell', die: eine kleine Glocke. 2) Eine Blase,
  Erhebung der Oberhaut, wie sie z. B. nach Ver-
  brennungen entsteht. Schelle: kleine Glocke ziehen.
Schellere: an ein irdenes Gefäß, einen Topf ꝛc.
  klopfen, um zu hören, ob er keinen Sprung hat.
Schenkkaasche, Schenkgage: die Schenkung, das
  Geschenk. „Schenkasche": Auerbachs Dorfgeschichten,
  Bd. 4, S. 133.
Schenne: schelten, mit Worten beschimpfen.
Schepp: schief, krumm, verkehrt.
Scheppel: das Gefäß von Blech, womit man das
  Wasser aus einem Eimer oder einem größern Gefäß
  schöpft.
Scherpse: prickelnd scharf, rauh schmecken, die Zunge
  reizen; besonders vom Wein.
Scherwel: Scherbe. Mitunter für Kopf gebraucht:
  „Dau hast och nix em Scherwel!"

Scherwenzele: die Cour machen, den Angenehmen,
Gefälligen machen, voller Complimente um Jemanden
herumspringen.

Schiammes: eine Jacke von Chiamois.

Schibbele: wälzen, rollen.

Schier: kommt in der Bedeutung von „gegen" nur
in der Verbindung mit Abend vor; schier Abend:
gegen Abend, diesen Abend.

Schiltse: schielen.

Schinne: schinden; Schinner: Schinder; Schinn=
kaul: Schindanger; Schinnoß: das Luder.

Schißmell: weißer Gänsefuß (Chenopodium album).

Schiwwes, schiwwesgehen: fort, verloren, in Ver=
fall kommen. „Hä gieht schiwwes: er ist verloren,
er stirbt.

Schlafittche: gleichsam die Schlagflügel, die Flügel.
„Ech bekohm en noch beim Schlafittche": ich er=
wischte ihn noch am Rockzipfel, am Kragen. „Han
se Dech beim Schlafittche krigt": haben sie Dich
erwischt, verhaftet, sich Deiner bemächtigt?

Schläfung: eine Schlafstelle. „Kost und Schläfung":
Beköstigung und Bett.

Schlamassel: ein Mischmasch von allerlei Zeug,
Plunder; dann auch: Streit, Zank. „Wat leit mer
an eurem Schlamassel!" (Hebr. masol, schlimm; in
der Gaunersprache: Unglück, Schaden, Verlegenheit.)

Schlambamb: eine nachlässige, schmutzige Weibs=
person. Schlambambelich.

Schlappe, Schluppe: Pantoffeln, hinten nieder=
getretene Schuhe.

Schlappere: verschütten.

Schlarbse: schleifend gehen.

Schlau, die: ein Graben zum Abfluß des Wassers,
ein Schlag in einem gebahnten Wege zum Abfluß
des Regenwassers.

Schlauche: naschen; schlauchig: naschhaft, das
Beste stets wählend.

Schlauder: das Rechte, Richtige, die wahre Art und
Weise. „Ech komme net of dä Schlauder.“ „Hä
es heut of der Schlauder“: er trifft das Richtige
und hat daher Glück. Schlauder nennt man auch
den Apparat zum Uebersetzen der Mosel, wenn eine
Kette von einem Ufer zum andern gespannt ist.

Schleckse: stocken. „Die Arbeit schleckst“: läßt nach,
stockt.

Schlegel: das Hinterviertel eines Thieres, ein Kalbs-
schlegel, Rehschlegel 2c., der eigentliche Braten.

Schlenber: der Schlenbrian, alte Gewohnheit.

Schlenk: eine vom Wasser ausgespülte Vertiefung.

Schlich, die: Geschicklichkeit, Art und Weise, etwas
gut zu machen, fertig zu bringen. „Ech kenne die
Schlech!“ „Ech komme of die Schlech.“

Schlicks, der: das Schluchzen; schlickse: schluchzen.

Schlieh: stumpf. „Schliehe Zänn“: stumpfe Zähne.
Vielleicht von Schlehen, Schlien, da man nach deren
Genuß gleich stumpfe Zähne erhält. „Schlee“:
Görres, gesammelte Briefe, S. 255.

Schlier, Geschlier: das Geschwür. Schlierig:
geschwürig.

Schlierau: Umstülpung des untern Augenlides.

Schlimmetz: ein kurzes Gartenmesser, wie man es zum Beschneiden der Bäume gebraucht.

Schling: der Schlund, die Kehle.

Schlink, die: die Klinke an einer Thür.

Schlinkeschlankegehen: faulenzen, herumbummeln.

Schliwer: der Splitter; **schliwere**: splittern.

Schlopp: die Schleife.

Schlotterfaß: das runde Holzgefäß, in welchem der Schleifstein zum Wetzen der Sense beim Mähen getragen wird. Es ist mit Wasser halb gefüllt und ruht auf dem Kreuz des Mähers.

Schlubb, der: der mit Zwieback und Zucker gefüllte Leinwandbeutel, der den Säuglingen in den Mund gesteckt wird; daher auch **Memmeschlubb**.

Schluhse: schlosen, aufthauen.

Schlüssel: außer der gewöhnlichen Bedeutung ein Stück Land, welches in ein anderes Stück einspringt, in dasselbe schlüsselt.

Schmachtlappe: ein hungriger Mensch, der sich überall, wo es etwas zu essen oder zu trinken gibt, aufdrängt, ein Schmarotzer in höherm Grade.

Schmäckse: schmecken, den Geschmack prüfen. Gewöhnlich in der Bedeutung eines Beigeschmacks; „dat Gemöß schmäckst": es schmeckt nach etwas, was nicht hinein gehört.

Schmant, der: die Sahne, der Rahm auf der Milch; dann auch überhaupt das Beste von einer Sache. **Schmantekäs**: Rahmkäse.

Schmarallium, Schmaralges: Koth, Dreck.

Schmarre, die: die Narbe. „Dä hat en Schmarre

üwer die Naf'!" Dann auch, was einer solchen
ähnlich sieht, ein Schmutzstreifen bei Kindern.

Schmatz: ein Kuß, und zwar ein fetter.

Schmeckse: etwas nach Fäulniß schmecken und riechen,
wildsen, wie man dies bei manchem Wild liebt.

Schmeitz: eine große Fliege.

Schmick, die: eigentlich die Peitschenschnur, dann die
Peitsche selbst; schmicke: peitschen.

Schmickelbrocke: die Reste eines größern Essens,
eines Gastmahls. „Mir han heut nix als Schmickelbrocke von gestere gäß."

Schmibsche, Schmidtge: Spautzenmännchen, d. h.
ein Sprühkegel von Pulver. 2) Ein ganz kleiner
Schnurrbart gerade unter den Nasenlöchern. Auch
wenn von Schnupftabak diese Stelle beschmutzt ist.

Schmillem: der Beschlag unten am Stock, die Stock-
zwinge.

Schmitz, der: der Flecken.
    „Ich Dich reibe, daß Dir bleibe
    Auch kein Schmitzchen oder Ritzchen Dir am Leibe."
                (Brentano's Märchen, I, 267.)
Dann auch: das Zeichen, z. B. ein markirter Baum,
der eine Grenze im Walde andeutet. Beschmitzen:
beschmutzen.
    „Sie wollte ihre Ehr' beschützen
    Und ließ sich hier noch mehr beschmitzen."
                (Reinefe Fuchs, I, Cap. XIII, 93, 94.)

Schmohre: stark Tabak rauchen.

Schmorwele: die Cour machen, um Frauenzimmer
herumschwenzeln, sie stets zu unterhalten suchen.

Schmuhtig: schwül.

Schmuh mache: Gewinn machen. (Hebr. schmuah.)

Schmuhse: schwätzen.

Schnäcketänz': Possen, Narrheiten, Schwänke.

Schnähl, die: die Schnecke. (Engl. snail.)

Schnalß, die: eine vorwitzige Weibsperson; 2) eine ausgehauene Waldgrenze, ein alleeähnlicher Durch=hau; 3) der Vogelherd, da man diesen gewöhnlich in einem solchen Durchhau anbringt.

Schnallekaste: Schimpfwort für Buckelige.

Schnäpp, die: der Rand, das Ende einer Bank.

Schnappe: schnell nach etwas hinfahren, gewöhnlich um es zu erhalten. „Dä Hond schnappt noh bä Möcke." Den Mädchen, die Kinder auf dem Arm tragen, empfiehlt man, sie nicht schnappen zu lassen, d. h. sie nicht plötzlich sich nach hinten zurückwerfen zu lassen. 2) Hinken, lahmen. Ueberschnappen: irre werden. „Hä es üwergeschnappt": er ist när=risch geworden.

Schnause: naschen, wegessen, meist mit dem Neben=begriff des Unerlaubten.

Schnäntze: putzen, reinigen. Das Licht, die Nase schnäntzen. Schnäutz: die Schnuppe am Licht.

Schneider, der: der Weberknecht (die langbeinige Spinne).

Schneider, gehle, der: der gelbe Schneider wird der gewöhnliche Salamander genannt.

Schneise: naschen, die Nase in Alles stecken, daher: schneisig: sowohl vorwitzig, als naschhaft.

Schneppe: fangen; wird namentlich von den Tauben gesagt. „Dauwe schneppe": fremde Tauben auf den

Schlag locken und dann wegfangen. Schneppen,
das: das Wegfangen.

Schnippich: vorlaut, naseweis.

Schnohke: Possen, Späße, Schnacken. „Dä hat
lauter Schnohke em Kopp!“ Schnohke mache:
Späße, Witze machen.

Schnörg, die: die Schnur, die Schwiegertochter.

Schnorrant: ein Musikant, ein herumziehender
schlechter Musiker.

Schnorre: schnurren, brummen. Schnorre loße:
schnell loslassen, etwas fahren lassen. „Loß dat Sail
net schnorre!“ Zusammenschnorre: zusammenschrumpfen. Schnorre, als Hauptwort: Possen,
Schnurren. Schnorrpfeiferei: närrische Redensarten, verrücktes Zeug. 2) Betteln. „Schnorre
gien“: betteln gehen. „Schnorrhengst“: ein
Erzbettler.

Schnorres: der Schnurrbart.

Schnuckele sagt man von Kindern, die mit Wohl-
behagen an der Brust trinken; daher Schnuckes:
ein Schmeichelwort besonders für wohlgenährte
Säuglinge.

Schnubbel: der Rotz; Schnubbelnas’: die Rotz-
nase. Ironisch für den welschen oder kalekutischen
Hahn. Schnubbele: rotzen; schnubbelig: nachlässig, schmutzig.

Schnuff, die: die Prise Tabak.

Schnuht: der über die Nase der welschen Hähne
herabhängende Fleischklumpen; dann überhaupt der
Mund, die Schnautze.

Schnüß, die: die Schnautze. „Schweineschnüßche met
Sauerkraut."

Schohrbaum: ein mäßig starker Tannenbaum, mit
dessen Hülfe man dem Schiff schnell eine andere
Richtung gibt, mit welchem man es „schohrt":
herumwirft.

Schohreich': eine Eiche, deren Aeste stets jung (zur
Fütterung der Schafe) abgehauen, geschoren werden;
sie wird dadurch knorrig.

Scholch, schollig: trocken, eingetrocknet und daher
leck. „Die Bütt' es scholch": sie rinnt.

Schölp, die: die Scholle. „En Eisschölp." (Holl.
schelp.)

Schooke, die: lange Beine. „Dä Kerl hat Der ä
Paar Schooke am Leif." (Schähken.)

Schores: Nutzen, Gewinn.

Schorge, schurge: schieben. Schorgskahr: eine
Schiebkarre. Daher Schorger: der Lastträger.

Schößche, das: eine eigene Weckform.

Schottel: die Schüssel.

Schottert, der: ein Hahn ohne Schweif. Der Hof,
auf dem ein ächter Schottert ist, bleibt frei von
Ratten.

Schotze, schutze: von Statten gehen, einen Erfolg
von der Arbeit sehen. „Et schotzt": die Arbeit
schreitet gut voran, geht gut von der Hand.

Schrappe: schaben, kratzen; zesammeschrappe: zu=
sammenscharren, auf geizige Weise. „Dä hat sech e
schön Vermöge zesammegeschrappt!" Schrappsel:
das Zusammengeschrappte, das Gesammelte.

4 *

Schreff: trocken, namentlich vom Grund und Boden gesagt.

Schreiwes: 1) Schriftliches, Actenmäßiges, ein Brief, zuweilen zusammengesetzt: „Ech han en Schreiwebref erhalle!" 2) Das Schreibzeug, das zum Schreiben Erforderliche.

Schriftebooch: eine Mappe.

Schroh: garstig, häßlich.

Schrohm: Strich; Schrohmholz: ein Lineal.

Schrompel: eine alte magere Frau; schrompelich: runzelig. Von schrumpfen.

Schronn: die Schrunde.

Schruppe: den Boden mit einem Schrupper (Schrübber) reinigen, scheuern.

Schubbe, sich: sich drücken, weg machen oder auch etwas nur mit Unwillen thun. „Schubb' Dech, su lang Dau wellst, Dau moß et doch dehn!" 2) Kratzen.

Schuckere: schaudern, frieren. „Et schuckert mech": es überläuft mich wie mit einer Gänsehaut, oder auch: es friert mich. Schuck, schuck! ist der gewöhnliche Ausruf, um das Gefühl der Kälte zu bezeichnen. Schuckerig: unangenehm, windig, kalt. „Et es esu schuckerig brauße, mer sollt kaine Hond vur de Dihr jage!" Schucker: ein kalter Schauer.

Schuhriegele: Einen fortwährend quälen, keine Ruhe lassen.

Schüpp: 1) die Schaufel; 2) der Schirm an einer Mütze, Kappe.

Schur, Schuhr: ein lästiges Ungemach, irgend eine Belästigung, Qual, Plage. „Hätt' ech de Schuhr vom Hals!" „Dat han se mer bluß zor Schuhr gedohn!"

„Er sucht mir Alles zur Schur zu thun!"
Reinecke Fuchs, II, 9, 30.

Schurgele, schorgele: etwas hin= und herwerfen, stoßen; plagen, quälen.

Schutt: Platzregen. „Of aimol gohf et en Schutt!"

Schuwiak: Schuft.

Schwadem: der Lichtdampf. „Die Lamp schwä=demt": sie setzt Ruß ab.

Schwamm: Feuerschwamm, Zunder. Schwamm=klepper: alte ausgediente Soldaten, die nichts mehr leisten können; überhaupt alte, gebrechliche Leute, Pensionäre.

Schwanze, schwade: prügeln.

Schwappele: wallen, überlaufen wollen, hin= und herfahren. „Dat Wasser schwappelt." „Dä Bauch hat em geschwappelt vur Lache." Geschwappel: etwas, was schwappen macht. „Sauf net esu vill Wasser, dat micht Der norens Geschwappel em Leif." Schwappelich: hin und her beweglich.

Schwart: Mundwerk, Sprache. „Dä hat en got Schwart!"

Schwarz: schmutzig. Schwarze Wäsch', schwarz Papier.

Schweige: zum Schweigen bringen in der Redens=art: „Schweig' emol dat Kend!" oder: „Dau kannst noch net emol dat Kend schweige!"

Schwelles: der Kopf, namentlich wenn er dick ist.

„Dau haſt en decke Schwelles!" „Hau em ein vur
dä Schwelles!"

Schwerhacke: Ausruf, Schimpfwort.

Schwirbele: wirbeln.

Seih', die: das Sieb; ſeihe: ſieben.

Seitches: ſeitwärts.

Selv: Salbei.

Selvkant: die Seite eines Stückes Tuch, welche rauh
iſt und zum Aufſpannen deſſelben dient. Der
Schneider reißt dieſe Kante ab, welche zu Schuhen,
Hoſenträgern ꝛc. verwendet wird.

Semmſche: mit Geräuſch ſich raſch bewegen, fliegen.
Die Tauben ſemmſche vorbei, die Kerwerz ſemmſcht
gegen das Licht, der Nachen ſemmſcht durch das
Waſſer ꝛc.

Sicherer, ein: ein Gewiſſer. „Ein ſicherer N. N.":
ein gewiſſer N. N. (Wien.)

Siſſere: eine Feuchtigkeit ausſchwitzen; auch von
einer wunden Fläche, die eben anfängt zu eitern.
Daßſelbe: ſefze.

Sinder: ſeitdem, ſeither.

Singele: eigenthümlich ſchmerzen, z. B. wenn man
ſich verbrannt hat, ſo bezeichnet man den Schmerz
mit „ſingele"; ebenſo wenn ein Glied eingeſchlafen
iſt, ſo ſingelt es in demſelben.

Siweck: ſcherzweiſe der dreieckige, auf zwei Seiten
aufgekrämpte Hut, wie ihn früher die Bauern trugen.
(„Sieh' weg, ſonſt ſtoße ich Dir ein Auge aus!")

Söffig: angenehm zum Trinken, vom Weine, wenn
er Luſt zu mehr erweckt. (Présent à boire.)

Sölle, fülle: das Speicheln der kleinen Kinder;
Söllappen: das Kinn= oder Brusttuch, welches
man den Kindern vorbindet, um den Speichel auf=
zufangen. Gesölber: wenn beim Essen die Sölle
vor den Mund kommt.

Sommervogel, Summervuel: der Schmetterling.

Spack: wenig, kaum ausreichend.

Spähne: ein Kind von der Mutterbrust entwöhnen.

Spautze: speien, so daß der Speichel sich verbreitet;
den Mund voll Wasser in vielen einzelnen Strahlen
ausspeien. Spautzemännche: ein von angefeuch=
tetem Pulver gefertigter Sprühkegel.

Speiß: der Mörtel.

Speller: ein Stück gespaltenes Holz, ein Holzscheit.

Spengel, die: die Stecknadel (épingle). Spengele:
durch Stecknadeln zusammenstecken.

Sperkel oder eigentlich „der Sperkels“: der Fe=
bruar; von Spork, Spurk: der Koth. Wenn es
im Februar schneit, sagt man: die Sperkelsin (ob
dies des Februars Frau oder seine Großmutter be=
deutet, ist zweifelhaft) schüttelt ihre Unterröcke. Deren
trägt sie sieben; je mehr sie davon schüttelt, desto
stärker fällt der Schnee.

Sperregickes: Hochmuth, Stolz. „Dä Spärregickes
steigt em!“

Sperregickse: Narrenspossen, Redensarten. „Mach’
kein’ Sperregickse!“ Auch: „Sperregicks Dech
net lang“: zögere nicht.

Spierche: ein klein wenig, ein Restchen. „Et es
kai Spierche mieh bo“: keine Spur.

Spihk, Spöhk: der Lavendel.

Spill: die Menge. „Do wor Der ä Menschespill!" „Guck emol dat Spill Kromesvüel!" Dann auch 2) Tanzmusik.

Spillratz': ein verspieltes Kind, ein Kind, das zu viel spielt und vom Spiel nicht abzubringen ist.

Spliekopp: eine Art Schuhnagel, mit länglichem, gleichsam gespaltenem Kopf.

Splitter: ganz und gar; „splitternackig": ganz nackt.

Spohle: essen. „Dä hat drei Karmenade gespohlt!"

Sponsehre: die Cour, den Hof machen, namentlich jungen Mädchen.

Sprei: Spreide, nur in Beziehung auf das Bett gebraucht: Bettsprei.

Sprenze: schmücken; „gesprenzt": geschmückt.

Sprock: brüchig, spröde.

Spunium: Geld. „Dä hat Spunium!"

Staaz: elegant, geputzt. „Ä hat sech staaz gemacht." Dann auch: passend, gut. „Doh han mer jo vur de zerbrochene Deichsel en staaze neie!"

Stabel: ganz und gar; „stabelgeckig".

Staches, Stacheies: dummer Kerl. (Schimpfwort.)

Stacketteflicker: Spottwort, etwa mit Döppchesgucker von gleicher Bedeutung.

Stahle: das Muster. „Ech han dä Stahle gewäsch', de Farw' giht aus!" „Dat es en schöne Stahle von 'ner Mähd!" 2) Ein starker Ast der Kopfweide, der gehörig zugerichtet zur Anpflanzung bestimmt ist, indem er, in feuchten Boden gesetzt, Wurzel faßt und ausschlägt. (S. Bärsch: das Kloster Steinfeld, S. 83.)

Stampes: jeder Brei, in welchem der Löffel stehen bleibt. „Owends get et en ordentliche Stampes, dä hält wibber!"

Stanche: der Muff (manchon).

Steg: Termin einer Zahlung, namentlich bei Versteigerungen, deren Ertrag in verschiedenen Terminen zu zahlen ist. Den Steg einhalten: den Termin regelmäßig zahlen.

Stehlerbeef: bei Kindern für Dieb gebräuchlich.

Steiles, Stickel: ein ungeschickter, steifer Kerl.

Steilkalf: ein junges mageres Rind.

Stein, Steinche: Christine.

Steipe: stützen; die Steip: die Stütze.

Stellaasch: ein Gestell, Gerüst.

Stenl: der Hauptstock des Weinstocks, dann auch der Weinstock selbst. „Dat Mäbche hat vill Steule", d. h. Weinstöcke, um sein Vermögen anzudeuten. 2) Der Stock, auf welchen der Geistliche bei Processionen die Monstranz setzt, wenn stille gestanden wird.

Stich: der Punkt, jeder kleine Theil. Man kann draußen keinen Stich sehen: nicht das Mindeste. Stichedunkel: ganz dunkel. (S. Auerbachs Dorfgeschichten, II, S. 227.)

Stickse: übel, moderig riechen aus Mangel an Luft. Sticksig: schimmelig, verdorben.

Stiewe, der: der Anfall. „Hä hat wibber sein' Stiewe": er hat seinen Anfall, sei es von Narrheit, Trunksucht, Faulheit rc. „Wann hä sein' Stiewe hat, es nix met em anzefenke!"

Stillmuß: das Gemüße, welches aus den Stengeln der Rüben, des Spinats, des römischen Kohls (Mangold) u. a. m. bereitet wird.

Stippich: widerhaarig, eigensinnig. „En stippicher Kerl": einer, der auf seinem Kopfe besteht. „Stipp- oder Steppkopp!"

Stitzele: kleine gestrickte Stauchen für das Hand- gelenk, Pulswärmer.

Stiwel, Stibbel: die Hürde, Schafpferche.

Stiwele, ofstiwele: stellen, aufstellen, putzen. „Dat hat sech gehierig ofgestiwelt!" „Dat Koppergescherr es schön gestiwelt."

Stiwirz, der: das aus gespaltenen Scheitern zuge- hauene Holz, welches zwischen die Tragbalken einer Decke oder die Balken einer Wand geschlagen wird, um mit Heumörtel umgeben die Grundlage derselben zu bilden. Eine Decke stiwirze.

Stiwitze, stibitze: auf eine listige Art etwas weg- nehmen, stehlen.

Stoche: das Feuer anschüren oder auch anmachen. „Stoch' emol büchtig!" Stocheise: das Schüreisen.

Stockviull: Goldlack.

Stollert: ein irdener Topf; meistens im Diminutiv gebräuchlich: ein Stollertche.

Stömbche: ein Stümpfchen, ein Rest. „E Licht- stömbche of em Profittche." „Dat Stömbche Grom- biere lo en der Mann sollt Ihr mer abkaafe!"

Stompax: ein steifer, unwissender Mensch. (Ein Schimpfwort.)

Stompe: stoßen; Stomp: der Stoß.

Stömpe: Jemanden auf eine unhöfliche Art in die
Rede fallen, so daß jener schweigen muß; dann
auch: einen zurechtweisen, ad absurdum führen.
„Dau hast dä ower schroh gestömpt!"

Stompehre: einen beim Handel irre machen, ihn
hierbei durch falsche Angaben verwirren. Dann aber
auch sagt der Makler: „Ech han esu vill gebote,
Dau werst mei Woort net stompehre!" d. h. wahr=
halten.

Storge: rasch, stürmisch gehen. In der Gauner=
sprache: im Lande umherfahren. Storger: ein
Quacksalber, Zahnarzt.

Strämpel, der: das Hinterviertel eines Kalbes oder
Hammels. Dann auch scherzhaft für kräftige kurze
Beine genommen. .

Strängse: stehlen.

Strapezant: ermüdend, anstrengend, mit Strapatzen
verbunden.

Streich: ein Ruder, womit man die Richtung hält,
ein Steuerruder bei kleinen Schiffen.

Stretze: spritzen. Stretzbüchs: eine Spritzbüchse,
eine kleine Spritze. Stretzegebäcks: Spritzkuchen,
Spritzgebackenes.

Striffel: der Streifen, namentlich der Jabot an den
Hemden.

Strohm: ein Strich, eine Linie.

Strolle: eine Rolle; Strolletuback: Rollentabak.

Stronze, herumstronze: faullenzen, aus einem
Hause in das andere gehen zum unnützen Plaudern;
2) prahlen.

Stropp: die Schlinge, Schleife.

Ströppe: streifen. Einem die Haut über die Ohren
ströppe. Der Wirth, der große Rechnungen macht,
ströppt die Gäste. Jagdströpper: ein Wilderer.

Struwelkopp: einer, dem die Haare auf dem Kopf
wirr durcheinanderstehen, ein Struwelpeter; stru=
welich: wüst durcheinander, verworren.

Stück, plur. Stücker: als Zusatz zu Zahlen ge=
bräuchlich. „Et wore en Stücker 6!" „Et ginge
en Stücker 10 vur!"

Stückelche: eine kleine Erzählung, eine Anekdote,
ein Schwank.

Student, Studentche: jeder Knabe, der eine höhere
Schule besucht.

Stummel: der Stumpf.

Stupp: für stumpf, nur in Zusammensetzungen:
Stuppnas', Stuppschwanz (ein englisirtes Pferd).

Stutz, die: ein eigenes Gefäß, welches man nament=
lich beim Abzapfen des Weines gebraucht; stutze:
mit den Gläsern anstoßen.

Süchtig: sichtig, das Wahre, Sichtbare, z. B. der
süchtige Deuwel: der wahrhaftige Teufel.

Suckele, ausfuckele: saugen, aussaugen.

Sußlich: widerlich süß.

Sutter: alles was ausschwitzt, sei es aus einer
Wunde, oder aus irgend einem Gefäß, einem Faß,
besonders aber einer Tabakspfeife, daher auch das
Wasser im Abguß einer Pfeife Sutter genannt wird;
suttere: ausschwitzen (sudare).

Tahrt, die: bie Torte; Tährtche.

Tappſche: tappen, taſten.

Tatſchele: fühlen, herumfühlen, betaſten, mit dem Nebenbegriff der Zärtlichkeit; tätſchele: ſchonend, weich erziehen; vertätſchele: verziehen; tatſchelich: weich, teigig.

Tautele: zaubern, etwas langſam thun; tautelich: empfindlich; Tautel: ein empfindlicher Menſch, der keinen Schmerz ertragen kann.

Terme: grenzen, bei Grundſtücken üblich.

Terminire: betteln.

Tetſchele: tauſchen auf unerlaubte Art, wie die Kinder.

Teufhenker, der: der Teufel, der Henker. „Dä Teufhenker ſoll Dech holle!“

Thürängele: einen ſehr quälen und plagen, Jemanden zwiſchen Thür und Angel ſetzen.

Tifftele: kleine Arbeiten machen; tifftelich: klein= lich; Tiffteler: einer, der kleine Arbeiten macht; Getifftel.

Tippel, Tippelche: der Punkt.

Todtebeincher: ſ. Dudebaincher.

Tohke: packen. „Dä Schandarm hat dä Spetzbuf getohkt.“

Tohtſche: mit der Hand herumfühlen im Dunkeln, Zweifelhaften; Tohtſch: die Hand.

Topig: dumm, einfältig; Topert: Dummkopf.

Töppele: ſprenkeln; getöppelt: geſprenkelt.

Torfele: taumeln, wie ein Betrunkener.

Tormel: der Taumel. „Hä es em Tormel": er ist
betrunken. Tormelig: schwindelig.

Tort: Leid, Marter, Qual. „Einem en Tort anbohn."

Tottele: stottern; Totteler: Stammler; tottelig.

Trallig, plur. Trallje: die eisernen Stangen vor
einem Fenster. (Franz. treille.)

Trampele: plump auftreten, schwerfällig, langsam
gehen; Trampelthier: das Dromedar; wird auch
als Schimpfwort für eine langsame, schwerfällige
Weibsperson gebraucht.

Tränbele: zaudern, langsam etwas machen. „Selig
sind die Langsamen, denn sie werden Gottes Trän=
beler genannt werden."

Traschake, traschäke: einen tüchtig abprügeln. Das
Wort soll von einem alten Kartenspiel „Treschak"
herrühren.

Trätsche: klatschen. „Et rähnt, dat et trätscht!"
Dann auch: schwatzhaft sein, Alles weiter und wieder
sagen. „Nan hast Dau alt wibber geträtscht!"

Traufel: die Maurer=Kelle.

Trei: untief; dann auch: trocken. „Dat Wasser am
Hondsschwanz es gänz trei; et gieht Der en der
halwe Mussel noch net an be Knee." „Hall et
Maul, Dau bes jo noch net trei henner bä Uhre!"

Treiwe giehn: verloren gehen, vom Forttreiben durch
Wasser. „Ech wor esu krank, ech sein bahl treiwe
gange."

Treppling, Trappling: die Treppenstufe; Trapp:
die Treppe.

Tribeliere, tribuliere: quälen (tribulare).

Trocke Muß, ein: entweder Einer, der nie lacht, ein ernsthafter Mensch, oder Einer, der lächerliche Sachen ernst vorbringt.

Trompe: Trümpfe, als Bezeichnung eines sehr geringen Werthes. „Etwas für drei Trompe verkaufen“: etwas unter dem Werthe, für eine Kleinigkeit verkaufen. 2) Einen gehörig abweisen, abfertigen, eine unbillige Forderung energisch abweisen.

Tröpfe: tröpfeln; Tröps: ein Tropfen. „Dat schönste Mädche hat en Tröps an der Naf'!“ Tröpfenaß: so naß, daß man tropft. (Hundsrück: tröpferennenaß.)

Troffe, oftroffe: ausspüren, herausfinden, erfahren. „Wo hast Dau dat nau widder ofgetroßt?“

Trutschel: ein dickes Kind, eine dicke Weibsperson.

Tuckele: sich zusammenkauern, dadurch sich verstecken. „Tuckel Dech!“

Tutschele: zusammen heimlich sprechen, sich etwas zuflüstern. „Wat es dat für e Getutschels?“

Tutt': die Düte von Papier. Ein Tüttche.

Uebeldranigkeit: Verlegenheit.

Uebereck: seitwärts, über die Achsel.

Ueberhole: überhören. „Uewerholl mech emol, ob ech mein Offgab kann.“

Ueberhöppele: überhüpfen, überschlagen, überspringen, etwas übergehen.

Ueberrenzig, üwerrenfig: übrig, was übrig geblieben. „Em Uewerenfige“: übrigens.

Ueberschlagen, verschlagen: etwas warm, von

Getränk, das so lange an einem warmen Ort ge=
standen, bis es ein wenig warm, laulicht geworden.

Ueberstölpe: überrumpeln, rasch über Jemanden
herfallen, so daß derselbe sich im Augenblick nicht
zu helfen weiß.

Ueberzwergs: quer; auch: ungeschickt.

Uhrepetscher: Ohrwurm.

Ulles: eine runde Schlafhaube.

Umgehen: spuken. „Et gieht en dem Haus om":
es sind Gespenster drinnen.

Umlauf, Umläufer: der Wurm am Finger (Pana-
ritium). In der Eifel sagt man: „Er hat einen
Umläufer im Kopf": er ist schwindelig.

Ummache: das Feld pflügen, graben.

Umstölpe: umkehren, einen Teller, ein Glas ꝛc.
umstölpen, um damit etwas zu bedecken.

Unbuldche: ein verzogenes Kind, welches keine Ge=
duld hat.

Ungedanke: Zerstreutheit, Zerstreuung. „Ech han
dat Nähnparplü en Ongedanke stinn loße!"

Ungelegenheit: Umstände, Arbeit. „Mache Se sech
doch kai Ongelegenheite wege mir!"

Ungut: übel. „Nichts für ungut": nehmen Sie
mir's nicht übel.

Unheimlich: ängstlich. „Et weerd mer ganz on=
heimlich hei!"

Unnerwegs lasse: unterlassen.

Unnig: unter.

Unnütz sein oder sich machen: schimpfen, schmähen,
bei offenbarem Unrecht noch raisonniren.

Unthätche: der kleinste Fehler. „Et es kai On=
thätche dran!“

Unthuner: Einer, der nichts Gutes thut, ein nichts=
nutziger Mensch. „Ein unthuener Mensch!“

Unverhuts: unvermuthet.

Urrmachen: Einen erzürnen, böse machen. (v. B.)

Urze, verurze: verderben; wenn das Vieh das
Futter aus der Krippe unter die Füße wirft und
verbirbt, so wird letzteres verurzt. Selten von
Menschen, die leckerhaft essen und das weniger
Schmackhafte liegen lassen. Ein Uerzche: ein Rest.

Utsch! der allgemeine Ausruf bei Schmerz.

Uze: necken, spotten. „En Uz“: eine Posse, mit
welcher man Jemanden aufzieht. Uzer: Einer, der
neckt. „Dä Uzer uzt einem lauter.“ Uzvuel:
Spottvogel.

Ver, sehr oft statt er: verschrecken, verhitzen, ver=
kälten, versparen ꝛc.

Verbabbele, sich: sich versprechen, Ungehöriges sagen.

Verbabele: verwirren; verbabelt: verwirrt, irre
gemacht.

Verbelle: sich die Hand oder den Fuß verstauchen,
quetschen.

Verbreht: verkehrt. „Dä Mensch es ganz verbreht“:
er ist nicht klar im Kopf.

Verflammt: keck, entschlossen. „Dat es en ver=
flammter Kerl!“

Verfomfeie, verbomfeie: verjubeln, durchbringen.
2) Etwas verpfuschen, verderben.

Vergallopehre: sich verlaufen, verschnappen, einen
Fehler machen. „Wie Dau met dem Hallunk von
dem Spetzbuf geschwätzt hast, hast Dau Dech schroh
vergallopehrt.“

Vergange: verwichen, unlängst.

Vergeben: vergiften, Einen. „Die Frau hat ver=
soocht, ihre Mann zo vergewe!“ (S. H. Heine,
sämmtl. Werke, Bb. V, S. 152.)

Vergnügen: Genüge. „Ech han mei Vergnüge“:
ich bin satt.

Verhonze: verderben, verunstalten, schlecht, verkehrt
machen.

Verhoppasse: verfehlen, verlieren, vorbeigehen lassen.
„Dorch dat Geschwätz han mer dat Dampscheff ver=
hoppaßt!“ Hoppas: ein Sprung. „Mach' emol
ä Hoppasche!“

Verhotzele: verschrumpfen, vertrocknen. „Wie seht
die Frau esu verhotzelt aus!“

Verjaunere: Geld verspielen, verthun.

Verjuckse: Geld auf fröhliche Weise durchbringen.

Verkervelt: verkehrt im Kopf. „Ech sein esu ver=
kervelt von der Faßenacht!“

Verknause: ertragen, leiden. „Ech kann dat Ge=
schwätz net verknause!“

Verknutsche: verkrumpeln, zerdrücken, in Falten
drücken; dann auch: etwas überwinden. „Dä hat
mer wat gesoht, dat kann ech net verknutsche“: das
kann ich nicht annehmen, nicht dabei lassen.

Verkreppe: etwas auf eine besondere Art verbinden,
namentlich Holz, Balken.

Verkümmele: etwas leichtsinnig verkaufen. Ebenso: verkoßele: etwas im Geheimen leichtsinnig ver= kaufen, vertauschen.

Verlaub, Verlauf: Urlaub, Erlaubniß. „Met Verlauf zo rede!"

Verleibe: einem etwas leib machen, so daß er davon absteht. „Ech sein net mich bei dä Schöße — dat ville Gelbausgewe hat mer dat Pläseer verleib't."

Vermeine: irren. „Mer vermeint sech als emol!"

Vermimbele on vermambele: etwas vertuschen, beschönigen wollen, etwas unklar darstellen. „Ver= mimbel' on vermambel' et esu lang, als De wellß, et noßt Dech all nix!"

Vernattert: versessen, eifrig, begierig. „Dä es of die Jagd ganz vernattert!"

Verörtere: den Platz einer Sache wechseln, eine Sache auf eine andere Stelle bringen. „Die Boort meße verörtert were, dat Wasser wächst!" Bei den Schuh= machern heißt örtere: einen Flicken, Flecken auf das Oberleder setzen.

Verpänze: sich überessen, durch übereiltes Essen auf einmal so überfüllt sein, daß man für kurze Zeit nichts mehr essen kann.

Verpicht sein: sehr eifrig, begierig auf etwas sein.

Verplempere: sich in eine unpassende Verbindung einlassen, von welcher man nicht mehr loßkommen kann, sich wegwerfen.

Verrampsche: etwas auf leichtsinnige Weise verkaufen, verspielen, vertauschen.

Verraue: verzweifeln, sich zerreißen wollen ob der

verfehlten oder unterlassenen Unternehmung. „Ech möcht' mech verraue!"

Versauere: zurückgehen, einseitig werden und mit der Zeit, den Wissenschaften 2c. nicht fortschreiten. „Daß Dau versauersch!" (Verwünschung.)

Verschammereere: verderben, muthwillig ruiniren; dann auch: verliebt sein. „Dau bes en dat Mädche ganz verschammereert!"

Verschellert: erschüttert, betäubt, schwindelig. „Ech sein em Kopp ganz verschellert!"

Verschlampe: durch Nachlässigkeit ruiniren, verderben, namentlich die Kleider.

Verschlicke: verschlucken.

Verschnappe, sich: etwas Verkehrtes, Unpassendes sagen, ein Geheimniß verrathen, ohne es gewollt zu haben, in der Uebereilung sich versprechen.

Verschrombele: verschrumpfen.

Verschütte: ein Spiel (durch eigene Schuld) verlieren.

Versehen, Einen: einem Kranken die h. Sterbe=Sa= cramente reichen. „Es hä schunst versehn wore?"

Verstand: die Gallerte, Gelée.

Verthuner: Verschwender, Einer, der Alles verthut.

Vertusche: verheimlichen, unterdrücken.

Verzehle: erzählen. Verzehlche: Erzählung.

Verzappe: den Wein ausschenken, im Kleinen ver= kaufen; zappe: den Wein durch den Krahnen oder Hahn aus dem Faß nehmen.

Verzwervelt, verzwerbelt: verwirrt, außer sich.

Vorschuß: das feinste Mehl.

Vrinn, Vrinnche: Veronica.

Waake, der: ein runder glatter (Quarz=) Stein, wie er zum Pflastern gebraucht wird.

Waar: wohin. „Waar gihst Dau?"

Wachhecke: Wachholder. Wachheckekorn.

Wackerich, wackrig: wach, munter.

Wahrschaue: warnen. Der Nachen, welcher einem Floß vorherfährt, enthält den Wahrschauer, den Warner, auf daß die Schiffe ꝛc. bei Zeiten dem Floß den erforderlichen Platz machen.

Waig, die: ein gewisses Wagen beim Handel, beson=ders in der Redensart vorkommend: „en die Waig schlimm." Bei ungünstigem Resultat sagt man: „A hat zo vill en die Waig geschlohn": zu viel gewagt. „Et es en die Waig gange!"

Walke: prügeln; ebenso wackele und wammsche. Eine Wammsch: eine Ohrfeige.

Wampes: ein dicker Bauch. „Dau hast Der en Wampes angefreß'!"

Wande, ein Paar: ein Paar Handschuhe mit zwei Daumen und ohne Finger, wie sie namentlich Schiffer zu tragen pflegen; von wenden.

Wandlaus: eine Wanze.

Wandrohse, das: das Phantasieren, Delirium in Krankheiten; rasen, als wollte man die Wand her=aufspringen, wie bei heftigem Schmerz.

Wankele: wanken. Wankeler. Wankelig.

Wannih: wann.

Wansich: Wenn ein Faß im Zapf und bald leer ist, wird der Wein darin schaal, riecht etwas säuerlich und heißt dann wanfich, sowie das Faß, welches bald leer ist, wann.

Warf: Werft, Ufer, Damm.

Wasem: der Rasen. **Wäsem:** ausgestochene abgehobene Stücke Rasen.

Wässig: die Molken.

Watsch, Batsch: eine Ohrfeige, ein Schlag.

Watschele: schwankend gehen, wie die Enten 2c.

Watz: der Eber.

Watze: weinen, schreien, gleich unartigen Kindern.

Watzig: seifig, nicht mehlig, z. B. bei Kartoffeln.

Warilbes: ein jeder Lichterzieher, Wachshändler.

Weck: jeder Semmel. Ein Spitzeweck!

Wegbreit: Wegerich (Plantago).

Wegsteuer: die Kraft, sich selbst fortzubewegen. „Ech han be Wegsteuer net mieh, su mayletzig sein ech!"

Wehk, die: die Wieke, der Docht in der Lampe.

Wehr, die: die Thätigkeit. Immer in der Wehr sein: stets thätig, arbeitsam, geschäftig sein.

Weichsel: Mahaleb=Kirsche (Prunus Mahaleb).

Weickert, der: ein kleiner Weihe, Sperber.

Weil: Weile, Zeit. „Wart' e Weilche!" „Dir bescheere ech ä golbig Nirche on ä selwer Wart' e Weilche!"

Wenzele: wälzen.

Wergelholz: Holzrolle zum Ausrollen des Teiges für Nudeln 2c.

Wesen, das: Krämpfe, Convulsionen.

Wettmache: ausgleichen.

Wickse: prügeln. Wicks: Prügel. „Do hat et Wecks gewe!" 2) Sich putzen, seinen besten Anzug anziehen. „Dä hat sech en dä Wecks geworfe": der hat sich elegant gekleidet.

Widerborschtig: widerspenstig, eigensinnig.

Widerpart: der Gegner.

Wiewieche: jede kleine Verletzung bei Kindern.

Wildze: einen fremden Nebengeschmack haben, z. B. von Kaffee, der havarirt ist.

Willmuth: Muthwille.

Wimmerze, wihmerze: wimmern.

Wingert: der Weingarten, Weinberg.

Winnelweich: so weich, daß man den Geprügelten gleichsam in Windeln einschlagen muß.

Winsch: schief; von windschief zusammengezogen.

Wirke Tuch: grobes Tuch, von Werg verfertigt.

Wispel: Mispel.

Wissele, wussele: geschwind mit kleinen Schritten gehen, sich bewegen, hin und her kriechen; wuslich: lebhaft, beweglich, besonders von kleinen Kindern gesagt. (Auerbachs Dorfgeschichten, Stuttg. 1854, Bd. III, S. 293.)

Witz: der Schafbock.

Witze: dicht anstreichen, berühren, nahe grenzen. „Dä Mörwel witzt": er berührt den Kreis.

Wiwele: sich fortwährend bewegen, unruhig hin und her rutschen; wiwelich: unruhig.

Wolf, der: die Raupe der Rebenmotte zur Zeit der Blüthe der Trauben, des kleinen und des großen Wolfs (Pyralis fasciana).

Worge: würgen, mit Mühe schlingen.

Wunzig: winzig.

Wupp dich! Ausruf, wenn etwas geschwind geschieht.

Wuz: ein Schwein.

Z

Zammel: die Faser. „Deine Rock hängt voll Zammele!"

Zärge: zerren, necken, ärgern. „Zärg' dä Honb net esu!" Zarger: ein Necker.

Zaz: die Hündin.

Zaubel: eine gemeine, schmutzige, lieberliche Weibsperson. 2) Eine Hündin.

Zaufele: rupfen, necken. „Ech han Der en gezaufelt!"

Zeitlich: früh, bald; dann auch: oft.

Zerschellere: zertrümmern, voller Sprünge und Risse sein, eine Menge Verwundungen, Contusionen ꝛc. haben.

Zerwes: Servatius.

Zey: Lucie.

Ziech, die: der Ueberzug über das Kopfkissen.

Zimperlich: weichlich, empfindlich.

Zippel: ein einfältiger Mensch. (Schimpfwort.)

Zitterches: wenn die Kinder die Finger gegenseitig einschlagen und sich rückwärts gelehnt im Kreise herumbrehen, so gerathen die Arme durch die Spannung in ein gewisses Zittern: daher der Name dieses Spiels.

Zores, der: Spaß, Vergnügen, Neckerei; gleich dem „Trödel" der Studenten.

Zu: geschlossen. „En zuener Wagen": ein geschlossener Wagen.

Zummel, Zammel: eine gemeine Weibsperson, die gern herumläuft.

Zuschustere: zuwenden, zukommen lassen. „Dä schostert dem Mädche Alles zo!"

Zuthunlich: anhänglich; aber auch: zudringlich.

Zutt: die Abflußröhre an einem Gefäß.

Zwatzelich: verkrüppelt, verkümmert, durch Verwachsen.

Zweifele: mitunter für glauben. „Ech han et gezweifelt": ich habe es geglaubt.

Zwerch: quer.

Zwiwele, zwiebeln, Einen: Einem zusetzen, ihn quälen. „Ech han Der en esu lang gezwiwelt, bis ä et gebohn hat!"

Einige Sprichwörter und Redensarten.

Aus dem Häusche sein.

Besser demüthig gefahre, als humüthig gange.

Besser geleiert, als ganz gefeiert.

Bupperder Mädcher, Cowelenzer Brub, Annernacher Wein Sein net dat Best' am Rhein.

Dä Aue die Kost gewe.

Dä Boge gebotzt krije.

Dä es em A. wie en Mombacher Kiersch.

Dä es geaicht.

Dä es net henne wie vure.

Dä es noch lang net langs Frettehaus.

Dä hat be Flitte gestömpt kricht.

Dä hat et em Greff wie bä Beetelmann die Lauß.

Dä hat Fraib', wie bä Honb, bä voll Flieh eß.

Dä Jub' haßt bat Gemimmel.

Dä Korf singt net, ower bä Buel.

Dä kotzt wie en Gerwerßhonb.

Dä kümmt esu welkomme wie die Sau en ä Jubbehauß.

Dä seht der Koh am A. ab, wat de Botter en Mainz koßt't.

Dat beßt' Hohn legt och emol die Eier bernewig.

Dat Mäbche eß besser rich, alß sei Grußmotter gebrohte.

Dat Spill eß erom wie en Quetschekern.

Dau kannst mech muschele.

Dä waiß der Möck Ober ze loße.

Dä Wolf verleert de Hoor, ower de Raupe net.

Dem Deiwel ä Bain abschwätze.

Dem Dreck en Uhrfei gewe.

Dem Ein'n kalvt be Ochß, bem Annere noch net emol be Koh.

Die Buel, die fröh singe, frißt be Katz.

Dorch Dreck zom Speck.

Dreck en be Laim menge.

Dreck on Stain' auf Aine schmeiße.

E beßche ze spät eß vill ze spät.

Ei Jeder hat sei Jtemche.

Ei Mensch eß dem annere sei Deiwel.

Einem bä A. versohle.

Einem die Huwel außblose.

Einem die Lewer schleime.

Einem eppeß en be Schoh schütte.

Einem eppeß hohste.

Eine met Sinne verschleiße (Einen sehr sanft behan=
deln, gleichsam mit Sammthandschuhen anfassen).

Einem Läus' en be Pelz setze.

Einem met dem Scheuerdohr winken (etwas sehr deut=
lich machen).

Eine of em Strech hann.

Ei Tuttswitt es mer lewer als zwanzig Wartebesche.

En ahl Ratt giht selte en en Fall.

En alter Fuhrmann hiert gäre klaatsche.

En bliebe Honb werd selte fett.

En däglich Tröps hillt en Millestain aus.

En Hirz em Kopp hann.

En hungrig Laus beißt scharf.

Eppes en be Schornste schreiwe.

Esse ohne Schnufftebak es wie en Vesper ohn' Magni=
ficat.

E Strihhälmche of en Beisch falle loße.

Et es em met kainer gesähnte Kehrz ze helfe.

Et es kai Dehrche esu well, wemmer et ketzelt, hält
et stell.

Et es kain Huchzeit su klain, et micht sech noch ain.

Et get kai grüßer Laib, als wat mer sech selwer anboht.

Et get mih Kette als rohsige Honn.

Et giht gleich Alles erom wie en Wurschtsopp.

Et ging Alles drof wie of Mattese Huchzeit.

Et Wasser es net gebälkt.

Gob Lewe well widderleeft sein.

Gob ze Foß onner der Nas' sein (guten Appetit haben).

Grob sein wie Bunnestrieh.

Häste kaine Kopp, brauchste kain Metsch.

5 *

Henne erom hat Maye gewonne.

Huher Rhein, schlechter Wein.

„Ich denke, wie Goldschmidtsjung' spricht“: die gewöhn=
liche Invitation. Woher? ist nicht mehr zu ermit=
teln. Schon in einem alten Lied singt ein Junge,
der einen Korb bekommen:

> „Ich kränke, ich henke mich um die Närrin nicht
> Und denke und denke, wie Goldschmidtsjunge spricht.“

Je älter dä Bock, je steiwer dat Horn.

Junge Jäger alte Beteler.

Kain Antwort es och en Antwort.

Korze Predig, lange Brotwurscht.

Möckescheß of der Lewer hann.

Met der Spüllump geschosse sein.

Met vill kümmt mer aus, met winnig hält mer Haus.

Moß es Bieskraut.

Nau laaf em noh on schenn en Kahlkopp.

Nau schließ en Bomm en en ahl Gees.

Net recht bei Trust sein.

Of et Bänkelche komme.

Owe hui, onne pfui.

Roß wie Strompbännele kreische.

Ruthe Hoor on Erleholz wachse of kainem gote Gronn.

Sech dorch be Bunne mache.

Sech net lompe loße.

Speck on Schwart von einer Art.

Spei=Kenner Gedeih=Kenner.

Su dahf wie en Bornskrog.

Su zäh wie Bunnestrieh.

Trübsal noh Note blose.

Vill Hänn mache bahl e Enn.

Vill Kenner, vill Vatteronser.

Vill Wesse micht Koppwih.

Wart et ab wie be Primm von Neuedorf.

Wat be Bauer gewenut, frißt bat Gesend.

Wemmer dä Kenner be Welle bohrt, kreischen se net.

Wemmer Zwiwele scheelt, dann moß mer kreische.

Wenn et net rähnt, dann tröpft et boch.

Wer et lang hat, läßt et lang hänke.

Wer met em Lomp anfängt, hat met em Lomp ze dohn.

Wer sech onner be Kleie mengt, dä fresse be Säu.

Wer vill eweg get, werd vill queit.

Wer zom Faustekäs gebore es, werd sei Lewe kaine
    Limborgérer.

Wie dä Här, su bat Gescherr.

Wie mer et bohrt, su hat mer et.

Wu gehaue werd, do get et Spähn.

Zeeg, als häste Dei Schwiermotter an be Hoer!

Die Coblenzer hießen „Salatesser", auch „Wind=
beutel", die Trierer „Suppenfresser" und „Pomeranzen",
die Kölner „Pfefferlecker".

    Wer gieht langs dä Sailerwall ohne Kend,
    Uewer dä Florinsmaart ohne Wend
    On borch die Castersgaß ohne Spott,
    Dä hat en Gnad' von Gott.

Beim Abzählen singen die Kinder:

Inche, Binche — Zuckerbinche — Fahr' über'n Rhein, —
Fahr' üwer Gottes Haus, — Gucke drei schöne Peppe heraus, —

Die eine spennt bie Seib', — bie anner weckelt bie Weib', —
Die brett' ging langs bä Bronne, — hat e Kinnche gesonne, —
Wie soll et haiße? — Juche, Binche, Gaiße! —
Wer soll bie Wennele wäsche? — Dau sollst bä Dreck fresse.

    Zinzeminne — Zanzewanne — Ubematute —
    Italiana — Damatusch — Federbusch.

    O Adam — Blau Fadam — Kochlöffel
    Schneepelz — Trunk aus — Uewer e hus Haus!

    Ene — bene — Tante — Lene — itte — fitte — bonn.

Ene — bene — bunke — funke — Rabe — schnabe — bippe — bappe
Käse — knappe — ulle — bulle — ruus. Jb ab aus, Dau bes draus.

    Et gißt e Männche üwer be Bröck,
    Hat e Säckelche of bem Röck,
    Schließt et wiber be Poste,
    Poste kracht, Männche lacht,
    Dipp dapp, Dau bes ab!

Ding, bing babrian — wer sitzt auf meinem Thurm?
Ein schönes, schönes Töchterlein, das wollt' ich 'mal beschauen.
Der Thurm ist viel zu hoch — Man muß ein'n Stein ab = brech = en!

    Jhr Engelcher kommt!
        „Mir berfe net."
    Warom bann net?
        „Dä Fuchs läßt ons net borch."
    Wat hatt 'r gess'?
        „Gröne Kreff'."
    Wat hatt 'r getrunk'?
        „Ruthe Funk!"
    Jhr Engelcher kommt, Eins, Zwei, Drei!
Das zuletzt kommende Kind mußte nun rathen.

    Piff, paff, Polwersack,
    Wie viel Hörner hat bä Bock?

    Hätt'st Dau recht gerothe,
    Wührb'st Dau net gebrote.
    Piff, Paff ꝛc.

Allerlei.

Bei Regen im Mai:

> Mai=Rähnche, Trippel=Rähnche,
> Fall' of mech, dann wachfe ech!

Auf Faßnacht:

> Hoorig, hoorig, hoorig es die Katz',
> On wenn die Katz' net hoorig wär',
> Dann feeng fe keine Mäufe mehr.
> Hoorig 2c.

Zu Martini:

> Heiliger Sanct Mehrte
> Met bä fiwe Gehrte,
> Met bä fiwe Rothe,
> Dä A. foll blote,
> Blot en ä Bäckershaus,
> Breng' mer en warme Weck heraus
> Zom Mehrtesfeuer!
> Mir hann noch weit crom zo ginn,
> Ginn of harte Steine
> Met bä lange Beine,
> Met bä korze Kneeje,
> Loß die Schelme fleeje.
> Stiwele, ftiwele ftann —
> Breng' mer en half Mann,
> Stiwele, ftiwele ftieh —
> Breng' mer en Beufch Strieh
> Zom Mehrtesfeuer!

Wenn Nichts gereicht wurde, hieß es:

> Aeppel on Biere am A. gebad,
> Freß, dat die Zänn knapp, knapp, knapp.

Wenn ein Kind fich weh gethan hat:

> Heile, heile Sege,
> Siwe Dag' Rege,
> Siwe Dag' Schnie,
> Nau doht et net mieh wieh!

Beim Schaukeln:

> Bim, Bam — die Glock' es krank —
> Wu hängt se dann? — em Kreuzgang.

Beim Reiten:

Troß, troß, trüll — Dä Bauer hat ein Füll,
Dat Fülle well net laafe — Do moß ä et verkaafe;
Verkaafe moß't dä Bauer — Dat Lewe werd em sauer;
Sauer werd em dat Lewe — Dä Weinstock dä trägt Rewe.
Rewe trägt dä Weinstock — Hörner hat dä Ziegenbock;
Dä Ziegenbock hat Hörner — Im Wald da wachse Dörner;
Dörner wachse em Wald — Im Winter es et kalt;
Kalt es et em Winter — Hungrig sind die Kinder,
On wenn dat Kend gegesse hat, dann es et satt!

Dem Maikäfer, wenn er fliegen soll:

> Männche, Männche, fleeg emol, fleeg mer net zo huh,
> Dann beißt Dech och kein Fluh!

> Ech schenk' Der was; wat es denn das?
> E selwer Wart' e Weilche on e goldig Kirche
> En einem niemalene Büchsche!

Bekannte Melodien.

> Heidewidewum — mei Mann es krank.
> 	„	wat fehlt em dann?
> 	„	e Schöppche Wein,
> 	„	dat kann net sein.

> Et es en Judd en 't Wasser gefalle,
> Ech kann en hüre plompse,
> On wär' ä net en 't Wasser gange,
> Da wär' ä net ertronke!

> Kennst Dau net dat Schmitze-Schmitze Liß,
> Dat die Wurscht aus'm Kessel frißt?

De Linse — wo fin fe?
Em Döppe — fe höppe,
Se koche drei Woche — fein hart wie be Knoche.
Deck fe zo — dann hann fe Roh.

————

Sechs mol fechs es fechs on dreißig,
Es bä Mann och noch fo fleißig,
On die Frau es libberlich,
Dann gibt Alles henner fich.

————

Die Amfel fingt:
Der Wein ift aus, wir zapfen Bier!

〰〰〰〰

Kinderfpiele.

Ballfchlagen.

Lirum, larum, Löffelftill. Daßfelbe, was gewöhnlich
„die Sau fchlagen" heißt. Es wurde dabei gefungen:
Lirum, larum, Löffelftill,
De alte Weiwer freffe vill,
De junge möße fafte,
Brud leiht em Kafte,
Meffer on Gawel donewe,
Dat es e luftig Lewe!

„De Haafe komme!" Jäger und Hafen.

Laiz. Ein Spiel mit einem kleinen, an beiden Enden
zugefpitzten Holze, welches in die Höhe gefchnellt
wurde und mit einem Stocke getroffen werden mußte.
Der Spieler rief: Laiz! und erhielt zur Antwort:
Holz! Bei einer Modification rief er: Karforft!
Antwort: Altroß! Bei einer dritten: Hinni! Ant=
wort: Hanni!

Mörweles, und zwar: Knautzches oder „en be Kaul!"
Bauer, paß of!

Doppe. Heuldopp.

„Pick, Pohl om en Rohl!" Duppches mit dem Ball.

Rohläufches und Verstecheniß.

Blinnermeisches.

Eierkranz:

> Eierkranz,
> Wat gelt dä Schanz?
> Eine decke Dahler!
> Wer soll bezahle?
> Glöckelche of der Mauer
> Schlicht zwölf Auer —
> Meister, loß mech schlofe ginn,
> Morje früh wibber offtinn,
> Wenn die Bippcher lege
> On die Hähncher krähje:
> > Kikeriki!

Ringeltanz: Blauer, blauer Fingerhut, — Hätt' ich
Geld, das wär' ja gut, — Blumen alle Tage. —
Jumpfer, sie muß tanze — In dem großen Tanze,
— Jumpfer, sie muß stille steh'n — Und sich Einen
wähle! (Nachdem sie gewählt, sagt sie:) Lämmche,
Lämmche, knie doch, — Knie zu meine Füße, —
Du hast mir versproche, — Einen Kuß zu gebe!

Ringel, Ringel reihe, — Sind der Kinder dreie, —
Sitze of einem Holderbusch, — Singe alle: Husch,
husch! husch!

Brieh! soll heißen: pris! Von zwei gegenüberstehen=
den Parteien wird der einzeln Hervorgerufene zu
fangen gesucht.

Schau net erom, dä Fuchs giht erom 2c.

———————

Liebeserklärung eines Coblenzer Narren.

O Dau mei goldig Herz,
Ech ginn vor Liebesschmerz,
Sehn ech Dech Zuckerbain,
Rain aus dem Laim.
O wie bat Blot mir kocht
Du wie bat Herz mir pocht!
Et es jo zentnerschwer:
Ech han Dech gär!

Jo, Leefge, ganz geweß,
Sehn ech Dei scheen Gebeß,
Wenn Dau su lache dohs,
Werd mir kurjos.
Gucks Dau mech glehnech an,
O wie zerfleeßt mir dann
Mei Herzche botterweich
Wie Nubblebaig!

O Dau mei Schätzche leef,
Dau meines Herzens Deef,
Schnißche wie Melch on Blot,
Ech sein Dir got.
Doch, läß Dau schmachte mech,
Dann, glaf mer sicherlech,
Scheeß ech vur Liebeswuth
Mech mausebuht.

Ower Dau Engelsseel',
Dau bes jo voll Gefehl
Fur Deine geck'ge Kauz,
Dau koßper Nauz!
D'rom her, mei ainzig Loßt,
Ech quetsch' Dech an mein Broßt,
Her met der Hunnigmaul,
Gef mir en Baul.

Jos. Eisengrün.

Dat Leed von de Cowelenzer Junge.

Nau halt emol on foht emol,
Wu get et noch en Stadt,
Die fu vill Junge bei dem Pol [1]
Wie onfer Cow'lenz hat?
    Drom fäht et och bie ganze Welt
    Met ainer Stemm' on Zung':
    Of Zores, Wein on Mäbcher hält
    En Cowelenzer Jung.

Et es kai Kermes on kai Ball
Hei elo on fur der Bröck,
Do moß ä hin of Knall on Fall,
Nir hält en bo zeröck.
    Su lang ä noch en Grosche hat,
    Sieht et en ainem Sprung,
    Denn nemols werd an Fraibe satt
    En Cowelenzer Jung.

Omfonft fleeßt net am beitfche Eck
De Muffel en be Rhein;
Dat haißt fu vill, als: bä es geck,
Dä hei verduurfcht beim Wein.
    Gob es bä ficher angebraacht
    Bei trockner Melz on Lung',
    Drom Schoppe ficht bes en be Naacht
    En Cowelenzer Jung.

Jo, Cowelenz, dat es bie Stadt,
Ech fohn et noch emol,
Die nergens ihres Gleichens hat
An Junge bei dem Pol;
    Drom fäht et och bie ganze Welt
    Met ainer Stemm' on Zung':
    Of Zores, Wein on Mäbcher hält
    En Cowelenzer Jung'!

---

[1] Bei dem Pol: Pfahl, bei der Stange; bie folche Ausdauer haben und zeigen.

Ons lewe Jungezeit.

Hannes: Denks Dau noch dran, wie mir noch Junge wore
On watt mer bo so vill Pläseer gehatt,
Wie jede Dach ons neue Fraid gebore
On mir et Spille krooche gar net satt?

Pitter: Dat wor en Zeit, die Aue gimmer üwwer,
Su oft ech nohrens denke dran zeröck;
Do gitt doch nix em ganze Lewe briwwer,
Die es et ainzig wahre Himmelsglöck.

Hannes: Kain Johrszeit koom, se braacht' ons neie Sache:
Em Wenter schloge mer of Preß [1] die Bahn;
Loog Schnie, dann goong et gleich an 't Balle mache,
Det Laim! wat hatte mer net Spaß bodran!

Pitter: Wor am Deitsch=Eck dä Honnsschwanz zogefrore,
Dann hammer Schlittschoh an be Feeß geschnallt;
Dat wor en Lust, als wär' mer nei gebore,
On wor ons och die Naas on Uhre kalt!

Hannes: Mein, Pitter, soh, hast Dau dat schun verbaue,
Wie Knautzjes mir gespillt on „Bau'r, pass' of"?
Wie Ballschlag mir em Frehjohr hann gehaue,
Dä Dopp geschlohn on met bem Raif geloff?

Pitter: Am Kubbe [2] hammer ons gebaad em Summer
On schwomme borch be Boge, [3] dat et kracht;
Dä Merlebach [4] wor onse ainz'ge Kummer,
Doch statt Zilenzium hammer Prutsch gemacht. [5]

---

[1] Of Preß: sehr eifrig, pressirt. [2] Kubbe hieß der Badeplatz in der Mosel; er war etwas unterhalb des Eingangs in den Sicherheitshafen. [3] Booge: die Brückenbogen. [4] Merlebach war der Name des langjährigen Hauptlehrers an der Knabenschule zu U. L. F. [5] Prutsch machen: die Schule schwänzen.

Hannes: On Dau, erennersch Dau Dech noch ber Zeite,
 Wu noh ber Pröfung bie Baganz feeng an?
 Do machte Feiercher mer en be Weide [1]
 On hann Krombiere ons gebrote bran.

Pitter: Dobei hammer wohl och proweert ze rauche,
 On wer kain Peif hatt', nohm e Stempche Reeb —
 Mer mainte Wonnersch, wat mer bäte schlauche —
 Doch maistens eklich wor bat Enn vom Leeb.

Hannes: Et wor en Zeit, wie mir kain mieh erlewe,
 Wat helft et ower, hin es aimol hin!
 Nor Fahsenaacht kann noch Ersatz ons gewe
 On wibberschaffe onse Junge=Sinn.

Pitter: Jo, Fahsenaacht kann ons allain verjinge,
 Do weerd bat Herz noch aimol jung on fruh;
 Drom stußt met an, loßt hell be Gläser klinge:
 De Cowelenzer Junge lewe huh!

Rauchlied.

Ech bäb su gär emol raache,
Wenn ech nor en Zigar hätt'!
Ech bäb su gär emol raache,
Wenn ech b'r, wenn ech b'r, wenn ech b'r nor ain hätt'.
Alles suckelt an dem Dinge
On micht wässrig mir bat Maul,
Blus mir well et net gelinge,
Ain ze krinn, on bat es faul!

On ech bäb su gär emol raache ꝛc.
Dä raacht ain fur achtzig Rettger, [2]
Sticht bat Dinge en 't Gesicht,
On bä Anner raacht boch Blädcher,
Wu m're zwelf fur'n Grosche kricht.

---

[1] In ben Weiden: Anpflanzungen am Rhein. [2] Scherzhaft
für Thaler.

On ech bäb su gär emol raache 2c.
Dat Gefehl eich zo befchreiwe,
Wämm'r mol gäre raache bäb,
Kann ech net, bat loß' ech bleiwe, —
Wenn ech nor en Zigar hätt'!

On ech bäb doch su gär 'mol raache 2c.
Wore bad noch Zeite, Fritzje,
Wie fe noch fe abgebeß,
Duh hat jede Här e Stitzje
Doch am Enn ewech gefchmeß.

On bad bäb ech b'r jetzt als raache 2c.
Jetzt raacht Alles Meerfchaumfpetze,
Do wehren fe erenn geftoch,
Ausgeraacht — wat kann bat netze —
On mein Peif bie hat e Loch.

On ech bäb b'r doch su gär 'mol raache 2c.
Wenn ech femme langs en Laabe,
Wu fe en bä Keftjer ftinn,
Denfe ech, was fönnt' bad fchabe,
Wenns de ain bevon fönnft frinn?

Denn ech bäb b'r doch su gär 'mol raache 2c.
Dab es boch e Lombelewe,
Wemmer gar fain Zigar hat!
On fai Deiwel well ain gewe —
Su e Lewe fein ech fatt.

Kann bä Menfch fein Sorg' net blohfe
Met dem Damp huh en de Loft,
Wu foll ech bir mein bann lohfe —
Sieh — do hiert jo Alles of.
On brom bäb ech och su gär emol raache,
Wenn ech norens en Zigar hätt'!
Drom bäb ech och su gär emol raache,
Wenn ech b'r nor ain hätt'!

H. Hartung.

Kowes on Maddes em Wertshaus.

K. Solle mer noch aine petſche?

M. Droff, Dau beiß em bä Kopp ab on ech reiß em bä Schwanz aus.

K. Pitter, noch en Schoppe! oder wie die gefangene Franzuſe ſohte, en Schoppinn!

M. Jo, dat wore met winnig Ausnahme ſchrohe Kerle; dat Raache aus bä Stommele on dat ihwige Speie — fujahn! — et wehrb mer noch ünwel, wenn ech dran denke! On dat Brudfreſſe! on wat woren ſe em Fröhjohr henner der Cigorrje, bie ſe rieh gäß han!

K. De irſchte Dach woren ſe net ſatt ze krije, ſe ſein wie rohſig ünwer dat Eſſe hergefalle! ech hann geſehn, dat Aine bä Annere geſtuhß hat on bä e paar Leſſele verſchlappert hat, dat bä ſech of de Erd' falle leeß on de Sopp offleckte.

M. On wie ſohn ſe aus! mer hat gefror fur ſe! Hernoh han ſe ſech von bä Decke Röck gemacht, bo kohme och ſchöne Stahle heraus!

K. Jo die verflochte Decke! Anfangs hann ſe ſe verkaaft, on bo hann die Bauere met bä Decke och die Poche haimgeſchlaift!

M. Haſt Dau gehiert, wie et der Fra Müllerſch met ihrem Offezehr gange es? Dä fehrt ſe en ſein Stuff, on bo ſoht ä: Kommob', Kommob'! Ach wat, ſoht die Fra, nix Kommob'! hei bä Schank es fur et Kommob', bo können Se Jhr Sache

erenn lege. Dat verstohng bä Offezehr nohrens
halv; korzom, ä benotzte bä Schank als sei Kom=
mob'. Do hat em ower bä annere Dach bie
Müllersch bä Standpunkt klor gemacht, ech main,
se hat em gehierig bie Commodité gewiß.

K. Oh, en der Beziehung hat mer gemaint, se wäre
all aus Paris ober aus Pole! on trotzdem han
se hernoh ümwer ons schlechte Enrichtunge noch
geschennt; se wohte nix ze sohn, bo hann se geloge
wie gedrockt.

M. Alleweil wolle mer ower schlofe ginn, sonst schennt
bie Fra! Gode Naacht!

———————

Wat mainst De, Baldes, solle mer bä „Affeberger"
'mol versooche? — „Affeberger?" Do kimmst Dau
scheen an, Schengel! „Aveberger" haißt bä alleweil!
bat klingt vuhrnehmer, on se mainte och, se könnte en
sech dann och beirer bezahle loße. Ech erlewe ower
noch, bat bä Affeberger wibber ze Ehre kimmt. Krigt
boch och bie Laabach wibber ihre alte Name. Dat
„Lau" wor nix fur en kalt Wasser=Anstalt; nau es
bat b, wat se erenn gefleckt hann, iwerflehsig: bat
Laab, bie Bach on bat ganze Waffer zeegt net mieh!
alleweil lewen se von der Loft. Do han se jo of der
Laabach bat Gaiseköppche, bat jo och schun emol Ainer
en „Ziegenhaupt" omgewannelt hat, on of dem jo
schun vur Johre Loftbäder Mode wore, bat könnten
se prächtig bohzo brauche. Denn mer hiert nix mieh
als Loft; bie Loft en bä Rheinanlage es schun besser,

als die of der Schossee noh'm Stonnestain, die Loft
of'm Köhkopp besser, als die of der Karthaus. Nau
wollen se noch of'm Köhkopp en huhe Thorm baue
met 'r Trapp, die ronb erom läuft — dann kammer
be Trapp erof of jedem Treppling schunst die „höhere
Luft" geneeße. Et wonnert mech nohrens, dat se of
der Huhacht noch kaine „klimatische Kurort" of Actie
engericht hann! Wemmer bo des Naachs de Finstere
of leeß, hätt' mer be Loft aus der irschte Hand! „Ech
ginn en be Loft," sohn die Weiwer, no, besser, als
wenn se en 't Wasser geenge! On bo hallen se 't noch
fur e gruß Glöck, dat die Loft kai Geld kost't: als
wenn die Werthshäuser of bä huhe Berg net noch
beirer wäre, wie bie onne! Fur su en „Inhalations-
kur" moß mer Doppelkrone hann, sonst gibt et net.
On dann sohn se noch; Loft wär' die beste „Speise";
ech hann noch Nemand geseh'n, bä von der Loft satt
wore wär, ower schuns bill, bie bren hungrig wore
sein. Och wollt' ech pareere, bat all bie, bie met esu
'nem Loftballe ofgestije sein, wie zom Beispill bä
Gambetta, als se wibber of der Erb wore, gehörig
engehaue hann, on bat Kainer met ber Loft sech be
Mage üwerlabe gehatt hat. Ower meinetwege leeft
von der Loft on schlooft bei offener Finster, bat euch
bä Schnie Morgens foßhuh of'm Bett leiht: ech banke
berfuhr! Alles, wat üwerbriwe werd, baagt nix!

Do sein ech neulich borch die Schloßstrohß gange,
bo kohm meine Schoster boher. Ech reef: Meister

Droht! Meister Droht! Ower dä boht, als dät ä mech net hiere. Do reef ech: Hähr Droht! on wuppdech wohr ä boh. Se wolle perforrsch all Hähre sein on vom Meister nix mieh wesse. Vuhrmols hat mer de Schoster Bechgaweleer geschennt, alleweil, wu se kai Bech mieh brauche on Alles met Stefte nähje, sein et Steftshähre wore! Su wollen se och bezahlt sein: nix dohn on dofur vill Batze! On wie die Schoster, sein se all: se schäme sech, Handwerksleut' zo sein; drom lohßen se sech gäre en Schnorres onner der Nas stinn, als wären se Millebär=Persone.

Wahrt noch en Auebleck, Hampitter, ech moß Der noch eppes verzehle! Wie ech noch weiter dorch die Schloßstrohß geeng, doh hann se bie grad beschütt. Do soht ech: „Gott helf' euch, ihr Männer!“ Do reef Ainer mer zo: „Oh wat, dat es net nietig, mir arbeite em Daglunn!“ Doh hatt' ech mei Fett!

_____

En Schostersfrau hatt' en ongezogene klaine Jung, dä er de Kopp voll kresch. Se hat en schuns aimol gehierig gegervt; dä Jung ower hat en ainem fort gekresch. Do soh se vom vierte Stock dä ahl Arme=dokter onne vorbeiginn; se reef em zo, ä soll emol eroff komme. Dem Dokter wor de Odem bahl ver=gange, als ä owe wor. Do soht die Fra zo dem Jung: „Wellst Dau alleweil stell sein? Hei es de Hähr Dokter! wenn's De nau net stell beß, lohß ech D'r zom Breche verschreiwe!“ — Dä Jung wor stell, dat Mettel hat geholf, on bo konnt' dä Dokter die dunkel Trapp alt widder allein eronner ginn!

_____

Hiermit sei diese kleine Arbeit geschlossen. Sie
diene dem Coblenzer, für den sie eigentlich nur bestimmt
ist, zu einer freundlichen Erinnerung, wenn er in der
Ferne weilt, zu einer erheiternden, wenn er in höherm
Alter der Zeit gedenkt, wo unsere Mundart noch in
voller Blüthe stand. Aber auch das, was noch vor=
handen, möge in Liebe gehegt und gepflegt werden,
auf daß, wenn 'mal wieder zwei so hervorragende
Persönlichkeiten unserer Stadt zusammenkommen, wie
dies mit Metternich und Görres der Fall, sie sich
derselben erfreuen können. Als nämlich diese Beiden
einst in München zusammentrafen, bemerkte Görres
beim Abschiede, daß ihn nichts an Sr. Durchlaucht
so sehr gefreut habe, als daß er in der Sprache
noch den Coblenzer verrathen. Lächelnd erwiederte der
Fürst: „Auch Sie haben in Ihrer Aussprache ein
schönes Residuum unserer Vaterstadt bewahrt. Wir
verstehen uns!" So der „Rheinische Antiquarius",
Abth. I, Bd. 2, S. 502. Wenn demgemäß die Cob=
lenzer Mundart einen Metternich mit einem Görres
zum Verständniß gebracht hat, wo gäbe es eine zweite,
die ihr auch nur entfernt gleichzustellen!

II.

Hervorragende Persönlichkeiten,

die in Coblenz geboren.

1.

Christian von Stramberg,

der Verfasser des Rheinischen Antiquarius.

Johann Christian Hermenegild Joseph Franz de
Paula Benjamin Stramberger von Großburg ward
geboren in Coblenz den 13. October 1785, und zwar
in dem Hause Firmungstraße Nr. 2. Seine Familie
stammte aus Niederöstreich. Der Großvater, Johann
Michael, bekleidete die Stelle eines Proviant=Commissars
bei den Truppen in Brüssel und ward im J. 1760
in den Adelstand erhoben. Der Vater, Joseph, kam
in Kurtrierische Dienste; er war Assessor und Secretair
bei dem Hofgericht und später Notar hierselbst. Aus
seiner Ehe mit Maria Franziska von Gaertz, der
Tochter des Kurtrierischen Geheimen Rathes und Kreis=
tags=Gesandten zu Frankfurt a. M., Hugo Franz von
Gaertz, entsprang eine Tochter, Maria Therese Fran=
zisca Walburgis, welche 1799 den Brigade=General
und Commandanten der Festung Ehrenbreitstein Arnaud
Baville heirathete, und ein Sohn — unser Christian;
dieser warf späterhin die letzte Silbe seines Namens als
nur provinziell ab und nannte sich einfach Christian von
Stramberg. Durch seine Mutter ward er der Ab=
kömmling dreier Kurtrierischer Kanzler: des als Schrift=
steller und gewandten Diplomaten am Hofe der Kaiser

Maximilian I. und Carl V. bekannten Peter Mayer
von Regensburg, dann des Johann Peter von Trar=
bach und endlich des mütterlichen Großvaters Johann
Matthias von Coll, während der letzte Kurtrierische
Staats= und Lehns=Kanzler, Johann Christian Her=
menegild von Eschermann, der Mutter Schwager, sein
Pathe war. Er hielt viel auf diese Umstände und
legte besonders in Beziehung auf den „Antiquarius"
Gewicht darauf, da gerade diese verwandtschaftlichen
Verhältnisse ihn zum Schreiben desselben befähigt hät=
ten. Er mag allerdings aus dem Nachlaß dieser vier
Kanzler manches Werthvolle erworben haben, wichtiger
für ihn und sein Hauptwerk war aber sicherlich die
unerschöpfliche Tradition in den alten Familien, welche
in dem Knaben das Spiegelbild einer untergegangenen
Herrlichkeit stets klar erhielt und dasselbe mit einem
unvertilgbaren Nimbus umgab. Erschreckend trat in
diese beseligenden Jugendträume das blutige Gespenst
der französischen Revolution. Als letzte Repräsentanten
des alten Königthums von Gottes Gnaden zogen die
leichtsinnigen Emigranten vorüber; dann sank der Kur=
staat in Trümmer und kurz nach ihm das heilige
Römische Reich! Säbelrasselnde französische Officiere
traten auf, die Generale Hoche, Marceau, Bernadotte
u. A. verkehrten in dem elterlichen Hause, ja Einer
derselben führte die einzige Schwester heim. Da war
es denn natürlich, daß diese Zeiten zu Stramberg's
angenehmsten Rückerinnerungen gehörten, und gerne
erzählte er, wie er diesen Herren mit seiner Geige zum
Tanz aufgespielt habe. Aber es wurde auch viel ver=.

tanzt, und da die neue Gesetzgebung das reiche mütter=
liche Erbe, zahllose Lehngüter an Mosel und Rhein,
mit Einem Federstriche vernichtet hatte, sah er schon
frühe ein, daß er einst auf eigene Kraft hingewiesen
sein würde. Er betrieb daher seine Studien mit gro=
ßem Eifer, bezog im J. 1803 in Begleitung seiner
verwittweten Mutter die Universität Erlangen und bald
darauf Paris, an beiden Orten sich dem Studium der
Rechts= und Staatswissenschaften, der Sprachen und
der Literatur widmend. Stets und überall hielt er
dabei sein Lieblingsstudium, die deutsche Reichsgeschichte,
im Auge. Von Paris machte er, immer von seiner
Mutter behütet, die damals gewöhnliche Cavalier=Tour
nach Wien und kehrte dann in seine Vaterstadt zurück,
wo er am 21. November 1808 seine erst 53jährige
Mutter verlor. Eine kurze Zeit nahm er hier die
Stelle eines Privat=Secretairs des Präfecten Jules
Doazan wahr, machte dann eine Reise mit dem fran=
zösischen Divisionsgeneral Grafen Aug. Caffarelli nach
Schweden und begleitete nach dem Einzug der verbün=
deten Heere die russische Armee nach Frankreich, wo
er in Epinal, Departement des Vosges, längere Zeit
als Intendant fungirte. Zurückgekehrt lebte von nun
an Stramberg nur der Wissenschaft und seinen Stu=
dien. Dann und wann bemühte er sich allerdings
um ein Amt, aber bald entsprach dieses nicht seinen
Wünschen, jenes nicht seinen Erwartungen, und das
einzige, welches er erhofft, die Stelle eines Archivars,
ward einem andern, ältern und verdienstvollern Be=
amten zu Theil. Auf sich, seine Familie und wenige

6

Freunde zurückgezogen, — war er doch nicht einmal Mitglied des viel besuchten Casino's, — bewegte er sich in culturhistorischen und genealogischen Forschungen, namentlich aber tummelte er sein Steckenpferd, die Rheinische Special=Geschichte. In diesen Dingen war sein Wissen und sein Gedächtniß ein wahrhaft staunens= werthes. Man kann wohl sagen, daß in ganz Europa nicht etwa eine souveraine oder fürstliche Familie, son= dern ein nur irgend namhaftes Adelsgeschlecht existirt hätte, dessen Stammbaum vom Ureltervater bis zum jüngsten Enkel ihm nicht bekannt, ja seinem Gedächt= nisse bis auf Namen und Jahreszahlen gegenwärtig gewesen wäre. Hand in Hand ging damit eine enorme Kenntniß nicht nur der deutschen, französischen und englischen, sondern auch der spanischen, italienischen und selbst slawischen Literatur in historischer Beziehung mit besonderer Hervorhebung von Memoiren. Lebhaft und anregend in der Unterhaltung, setzte er Jeden in Erstaunen über sein Wissen, und besonders auf Spa= ziergängen entwickelte er die interessantesten Details mit einem Eifer und Feuer, daß Weg und Stunde vergessen wurden: wie denn einmal Herr v. Stedmann eine ganze Sommernacht mit ihm durchwandelte, ohne an Familie und Schlaf zu denken. Man wurde ge= fesselt von dem ewigen Wechsel der interessantesten Mittheilungen, von der schwunghaften Phantasie des Erzählers!

Stramberg's erstes Druckwerk war die „Topo= graphische Beschreibung des Cantons Rheinbach. Ein Beitrag zur Kunde des linken Rheinufers.", im Jahr

1816 hier gedruckt und dem damaligen Oberpräsidenten von Solms=Laubach in Köln gewidmet. Obgleich dies Buch durchaus nicht erschöpfend geschrieben, enthält es doch so vieles geschichtlich Bemerkenswerthes, daß es noch stets gesucht und verhältnißmäßig theuer bezahlt wird. Dann erschien: „Das Moselthal zwischen Zell und Konz," Coblenz 1837, als zweiter Band der Moselreise des inzwischen verstorbenen Professors J. A. Klein. Zwischendurch schrieb er eine große Reihe von mitunter ganz ausgezeichneten Abhandlungen in Ersch und Grubers Encyclopädie und verschiedene Auf=sätze und Artikel in den Rheinischen Zeitungen und Journalen. Im J. 1855 gab er heraus: »Broweri et Masenii Metropolis ecclesiae Trevericae,« zwei starke Bände, eine Geschichte der Trierischen Kirchen=provinz, ihrer Klöster und Stifte enthaltend. Indeß schon im J. 1845 erschien der erste Band seines Haupt=werkes, welchem er den Titel gab: „Denkwürdiger und nützlicher Rheinischer Antiquarius, welcher die wich=tigsten und angenehmsten geographischen, historischen und politischen Merkwürdigkeiten des ganzen Rhein=stroms von seinem Ausflusse in das Meer bis zu seinem Ursprunge darstellt. Von einem Nachforscher in historischen Dingen." Dieser Titel ist fast wörtlich derselbe des 1744 erschienenen Rheinischen Antiquarius von J. H. Dielhelm, die Bezeichnung des Autors dieselbe, nur daß Dielhelm die ersten Buchstaben von „in historischen Dingen" sämmtlich groß schrieb, um damit seinen Namen anzudeuten. Es scheint dies auf einer besondern Anerkennung des alten Antiquarius

6 *

zu beruhen, welcher allerdings für seine Zeit recht gut war. Welchen Namen Stramberg beim Beginn seines Werkes sich bereits erworben, geht am besten hervor aus der großen Zahl seiner Abonnenten (etwa 1200!) bei einem für die Zeit hohen Subscriptionspreise von 3 Rthlr. 10 Sgr. für den Band von 50 Bogen. Der Bände erschienen 39; es sind aber dabei die 5 Bände, welche Hofrath Weidenbach unter dem besondern Titel: „Das Nahethal", geschrieben, mitgezählt. Leider wurde auch hier die Fortsetzung des Werkes durch den Tod Weidenbachs (21. Nov. 1871) unterbrochen. Stramberg selbst gelangte nur bis zur Hälfte des 14. Bandes der III. Abtheilung; von Seite 434 vollendete ich, gedrängt von Freunden und vom Verleger, denselben, was um so schwieriger, als sich auch nicht ein Blatt weiterer Handschrift vorfand und die Vollendung des Bandes bringend verlangt wurde.

Der „Rheinische Antiquarius" ist ein herrliches Monument, welches sich Stramberg selbst gesetzt hat. Schwierig indeß ist eine nähere Würdigung desselben. Der geneigte Leser wird sich an dieser Special-Geschichte des Rheinstroms mit ihren Einschaltungen und Abschweifungen, Anecdoten, polemischen Excursen ꝛc. gewiß schon oft höchlich ergötzt haben: bietet sie doch in der buntesten Mannichfaltigkeit des Interessanten so viel! Der strenge Recensent findet dagegen Manches zu tadeln, namentlich seine Abschweifungen, seinen Stil u. dergl. m. Allerdings zog er oft eine Geschichte gleichsam mit den Haaren herbei: „Nebenbei fällt mir eine Geschichte in die Hände, die, wenn auch nicht

hierher gehörig, doch ihren Werth haben mag." Oder:
„Gott ist groß, kurz das Leben! dies veranlaßt mich,
hier vorzutragen . . . ." Doch gerade dieses ist eine
Eigenthümlichkeit des Buches, daß er trotzdem gar
nicht als „Sammelwerk" bezeichnet wissen will, während er es doch selbst eine „Compilation" nennt, als
er seinen Recensenten wünscht, daß es ihnen gelingen
möge, eine solche nach seiner Art und Weise zu Stande
zu bringen. Ueberhaupt war er seinen Recensenten
nie günstig, er „fertigte" sie derb und maßlos „ab",
wie dies z. B. Dr. Vehse, Dr. Ennen u. A. erfahren.
Es trug seine große Empfindlichkeit die Schuld, die
sich am deutlichsten herausstellte, wenn ihm, der so
sehr in's Detail ging, einmal ein Irrthum in der
Angabe eines Namens, Ortes 2c. nachgewiesen wurde.
Ein solcher Attentäter war z. B. Herr Regierungs-
und Schulrath Henrich hierselbst, der drob arg mit-
genommen wurde. Er nennt die betreffende Geschichte
eine Bluette: das hätte ihm aber ein Anderer nicht
sagen dürfen! So erzählt er, daß einer also angefangen: „Es war im Jahr 1792 oder 93, kann aber
auch 1794, 95, ja 96 gewesen sein, als ein Corporal,
Namens Müller 2c.", und bemerkt dazu, daß sich diese
Methode einer genauen Begründung auch auf ihn
vererbt habe, könne er nicht in Abrede stellen. „Vor
Allem demnach ein Datum!" Nie zögerte er auch, ein
solches anzugeben; er verließ sich bei seinen Mittheilungen auf sein gutes und auf das schwache Gedächtniß seines Zuhörers. Einmal gibt er auch scherzhaft
zu, daß der Vorwurf, Alles nur halb zu wissen, nicht

ganz unbegründet, indeß müsse die Bruchzahl doch eine
weit größere sein! Ja einmal sogar citirt er dem
„nicht ungeneigten Leser" folgenden Vers:

> „Ist alles nicht nach deinem Sinn,
> Mein lieber Musenmann,
> So denk', daß ich ein Mensche bin,
> Der auch wohl fehlen kann!"

Nach Allem dem möchte der Vorwurf einer gewissen
Anmaßung sich doch nicht begründen lassen. Ueberhaupt ist sein Werk ein ganz eigenthümliches, der
Wissenschaft und Unterhaltung zugleich gewidmet, in
diesen Beziehungen werthvoll und ergötzlich, ein Werk,
wie es nur eben Einer schreiben konnte! Und Stramberg schrieb es in höchst unbequemer Stellung, und
zwar gewöhnlich auf einem Quart= oder Folianten, so
daß sein Arm keine Stütze fand, und der trotzdem mit
fester Hand auf Quartblätter geschriebene Entwurf
erlitt nur selten eine Correctur. Kaum geschrieben
wanderte das Manuscript in die Druckerei. Den
Druckbogen las er meistens laut, namentlich Stellen
in fremden Sprachen, und trug diese dann mit solch
starker Stimme und einem solchen Pathos vor, daß
die ferne Nachbarschaft es hörte und Fremde vor dem
Hause erstaunt stehen blieben. Seine Stimme war
überhaupt sonor, sein Lachen kräftig. Von mittlerm
Körperbau hielt er auf Kleidung und Aeußeres wenig
oder eigentlich nichts; um so mehr war man überrascht, wenn er in gewählten Worten zu sprechen begann, oder, wie er gewöhnlich zu thun pflegte, gleich
eine, die Person oder den Wohnort derselben betreffende

Frage stellte. Von fester Gesundheit, fesselte ihn nur
einmal eine bedeutende Verletzung des Fußes, auf
welchen ihm ein Grabstein, dessen Inschrift er entzif=
fern wollte, gefallen war, längere Zeit an's Bett. Ein
beschwerliches Gehen war die Folge und hinderte ihn
späterhin an weitern Spaziergängen, die er früher so
gern unternommen. Er war überhaupt ein Freund
der Natur, erfreute sich an schönen Aussichten, an
jeder Blume, wie er denn selbst lange Jahre in seinem
an sein Wohnhaus, Altlöhrthor 11, anstoßenden Garten
einen bedeutenden Rosenflor hegte und pflegte. Im
hohen Alter zeigte sich ein Hautkrebs im Gesicht, den
er anfänglich nicht achtete; endlich nachgesuchte Hülfe
wußte das Uebel kaum in Schranken zu halten. Vier=
zehn Tage vor seinem Tode befiel ihn ein entzündlicher
Katarrh mit Fieber, welches ihn rasch aller Kraft be=
raubte. Sein Tod erfolgte am 20. Juli 1868, im
84. Lebensjahre, an Altersschwäche; seine Beerdigung
fand bereits am Nachmittag des folgenden Tages statt
und vereinigte Alle, welche seine wissenschaftlichen
Leistungen kannten und ehrten.

Es erübrigt noch, einige Worte über Stramberg's
politische und religiöse Ansichten zu sagen: Hinsichtlich
seiner politischen Gesinnung war Stramberg streng
conservativ; er hing fest an Oestreich, ohne indeß
seinem Unmuth hinsichtlich Oestreichs Regierung, seines
Adels, seiner finanziellen und Bildungszustände auch
nur entfernt Schranken zu setzen. Daß ihm keine
Anstellung zu Theil geworden, regte ihn allein schon
gegen Preußen auf, um so mehr, als er den Mangel

eines Gehalts oder einer Pension im höhern Alter
schmerzlich empfand. Trotzdem erhob er gegen den
Eintritt zweier Söhne in's preußische Heer auch nicht
den kleinsten Widerspruch. In religiöser Beziehung
war Stramberg zwar gut katholisch und gehörte dem
zur Zeit bestehenden kleinen Kränzchen der wenigen
Strenggläubigen an; aber hier erzählte er lieber Anecdoten, als daß er sich um Wirren religiöser Art küm-
merte, und seine Zuhörer vergaßen über diesen auch
ihre politisch=religiösen Zwecke. Nebenbei erlaubte er
sich aber auch manche Witze in Bezug auf religiöse
Ansichten, wie er z. B. dem Manne, der in einer
Krankheit sich gelobt hatte, eine größere Wallfahrt zu
machen, diese aber nicht ohne den größten Schaden für
seine Familie ausführen konnte, einfach den Rath ertheilte, sich wieder zurück zu verloben! Nun, solche
Gesinnungen könnte man sich wohl noch gefallen
lassen.

Stramberg hatte im Jahr 1818 eine Coblenzerin,
Lucie Bozen, geheirathet und mit ihr drei Söhne er-
zielt. Von diesen ward einer Advocat; er starb kurze
Zeit nach dem Vater mit Hinterlassung mehrerer Söhne.
Die beiden andern Söhne widmeten sich dem Militär-
stande. Von diesen starb der ältere vor dem Vater zu
dessen unsäglichem Schmerz, den er offen kund gab.
Auch er ergab sich nur schwer in das unabwendbare
Loos, das allen Sterblichen einmal beschieden; sein bis
kurz vor dem Tode ungetrübter Geist ließ ihn in
vollem Maaße fühlen, daß sein Körper den Gesetzen
der Natur unterworfen. Er starb ungern! Und doch

konnte ihn nur noch wenig an das Leben fesseln! Seine Vermögensverhältnisse hatten sich im Laufe der Jahre immer ungünstiger gestaltet — sagte er doch selbst, daß er „von der Hand in den Zand" lebe, und wenn dies auch nicht gerade wörtlich zu nehmen, so wäre ihm dies doch ohne die Beihülfe seines hier wohnenden Sohnes gewiß schwer geworden. Sein Antlitz war durch sein Leiden arg entstellt, er konnte sich kaum noch sehen lassen! Aber wer hängt nicht an der süßen Gewohnheit des Daseins!

2.

Joseph Andreas Anschütz

ward geboren in Coblenz den 19. März 1772. Sein Großvater, Franz Kaspar, war Trompeter, dann Organist am kurfürstlichen Hofe zu Ehrenbreitstein, der Vater, Heinrich Franz, Kanzlist im kurfürstl. Archiv; letzterer zeichnete sich, abgesehen von seiner schönen Schrift, dadurch aus, daß er nie einen Tropfen Wein trank. Dem Enkel, der frühzeitig ein entschiedenes Talent für die Musik entwickelte, gab der Großvater eifrigen Unterricht im Klavierspiel und Generalbaß. Im J. 1782 spielte der 9jährige Virtuose in einem Concerte zu Mainz und ärntete den größten Beifall. Wenige Jahre älter componirte er einige Lieder und Tänze, und nun hören wir längere Zeit von seinen musikalischen Leistungen nichts mehr. Anschütz studirte die Rechte und ward 1797 als Commis Greffier bei dem Criminalgericht hierselbst angestellt. Alsbald regte sich wieder sein Sinn für die Musik, in Folge dessen er im Jahre 1806 einen regelmäßigen Cyclus von Concerten veranstaltete, welcher bis zur Zeit sich jährlich wiederholt. Im Jahre 1808 gründete er das Musik-Institut. Dieses widmete besonders der Kirchenmusik seine Aufmerksamkeit und erstrebte die Ausbildung musikalischer Kräfte, namentlich eines tüchtigen Gesang-Chores. Das Institut ward durch den Präfecten Lezay-Marnesia förmlich constituirt und steht heute noch in voller Blüthe. Anschütz leitete die Anstalt mit großem Eifer, und seine erfolgreichen Bestrebungen wurden nicht nur allgemein anerkannt, sondern brachten auch Coblenz in musikalischer Beziehung in einen sehr ehrenvollen Ruf. Schade, daß in Bezug auf Kirchenmusik die strengere Richtung der Zeit hemmend entgegengetreten ist.

Componirt hat Anschütz auch in späterer Zeit nur Weniges: kleinere Sachen für das Clavier, einige Lieder (unter andern das Lied der Nixen von Matthisson für weiblichen Chor und Orchester, zuerst gesungen in dem Concerte vom 3. März 1810, das Göthe'sche „Wer kauft Liebesgötter?", das Lied „Blümlein Wunderschön"), ferner eine große Arie für Altstimme mit italienischem Text, eine größere Freimaurer-Hymne für Männer-Chor und Orchester und einige Kirchen-Gesangstücke. Die Tiefe seiner musikalischen Bildung bewährte sich namentlich in seinen kirchlichen Compositionen in figurirtem Choral: es sind die

Hymnen »A solis ortus cardine«, »Ad coenam agni providi«, »Tantum ergo sacramentum« und die Benediction »Ecce panis angelorum«, welche den größten Beifall competenter Kunstrichter gefunden. Seine juristische Wirksamkeit war weniger ausgezeichnet, obgleich er eine Reihe von Jahren als Staatsprocurator fungirte. In kurzen, abgebrochenen Sätzen, die mit einer gewissen Hast hervorgestoßen wurden, pflegte er sowohl amtlich, als im bürgerlichen Verkehr zu reden. Ueberhaupt zeichnete sich seine Sprache durch Derbheit aus, die auch in seinen Urtheilen über Musik hervorstechend war. Sein Portrait, ihn in seinem 82. Jahre in einem lebensgroßen Kniestücke darstellend, befindet sich in unserer Bilder-Gallerie; es ist von seinem Neffen, unserm Mitbürger G. Zick gemalt. Seiner Ehe mit Maria Anna geb. Kröll entsproß eine Reihe von Kindern, von denen der älteste Sohn, Hermann, als Maler ausgezeichnet, die Stelle eines Professors an der Akademie der Künste zu München bekleidete; von ihm rührt das schöne Gemälde im Chor der hiesigen katholischen Garnison-Kirche her. Ein zweiter Sohn, Karl, von eminentem musikalischen Genie, lebte als Musik-Director der deutschen Oper in Newyork.

Anschütz starb, nachdem sein lebhafter Geist lange die während der französischen Umwälzung eingesogenen Principien hartnäckig festgehalten, mit der Kirche versöhnt am 26. December 1856 im 84. Jahre seines Alters.

3.

Johann Heinrich v. Bleul

warb geboren in Coblenz den 26. October 1765, und
zwar in dem Hause Castorstraße 84, Ecke des Drei-
taubengäßchens. Sein Vater Adam betrieb ein bür-
gerliches Gewerbe; seine Mutter Anna Maria war
eine geborne Colliers. Die frühzeitige Entwickelung
seltener Talente veranlaßte die Eltern, den Sohn den
Studien zu widmen. Nachdem er die untern Schulen
mit vorzüglicher Auszeichnung vollendet und in seinem
18. Jahre mit ungetheiltem Beifall philosophische The-
sen öffentlich vertheidigt hatte, wurde ihm, als dem
besten aller Schüler, der freie Eintritt und die freie
Erhaltung im kurtrierischen Seminarium angetragen.
Er zog jedoch die juristische Laufbahn vor und widmete
sich zu Heidelberg dem Studium der Rechts- und
Kameralwissenschaften während der Jahre 1785 bis
1787. Bei seiner Rückkehr wurde er im Jahr 1787
unter die Zahl der Advokaten aufgenommen. Während er nun mit seltenem Glück und allgemeinem
Beifall advocirte, verwandte er seine Mußestunden zu
gemeinnützigen Arbeiten. Diese zogen die Aufmerksamkeit des Kurfürsten und des Staatsministers von
Duminique auf sich und veranlaßten seine Anstellung
als Registraturgehülfe im geheimen Archiv und bald
darauf als Registrator mit 550 fl. Gehalt, einem
Fuder Wein und 18 Malter Korn. Man vertraute
seinem Talente die wichtigsten Sachen an, und schon

im Jahre 1790 erfolgte seine Ernennung zum Hof=
gerichts=Assessor mit Verdoppelung seines Gehaltes.
Hierauf wurde er zur geheimen Staats-Conferenz ver=
setzt und arbeitete fortan als Secretair im Cabinet
unter dem Kanzler von Hügel.

Nach dem Tode Kaiser Josephs II. erhielt er vom
Kurfürsten den Auftrag, die Vorarbeiten für die zur
neuen Kaiserwahl abgehende kurtrierische Gesandtschaft
zu besorgen. Seine bei dieser Gelegenheit im Verlauf
weniger Wochen verfaßte Schrift gab zu den wichtigsten
Verhandlungen Veranlassung und fand allgemeine An=
erkennung. Er erhielt dafür den Charakter eines Hof=
gerichtsraths und eine ansehnliche Gratification, be=
gleitete auch zu den Wahlen der Kaiser Leopold und
Franz die kurtrierische Gesandtschaft.

Der Reichskrieg brach aus; es wurde eine Reichs=
kriegskanzlei errichtet und Bleul im Jahre 1793 zum
Director derselben ernannt. Ungern entließ ihn sein
Landesherr, ertheilte ihm aber einen Abschied gleich
ehrenvoll für seinen Charakter wie für seine Kennt=
nisse. Bleul trat seine neue Laufbahn an mit einem
Gehalte von 6000 fl., Equipage=Geldern, freier Tafel
bei dem Commandirenden und andern Emolumenten
und erwarb sich die Zufriedenheit der Generale: des
Prinzen von Coburg, des Feldmarschalls Clairfayt,
des Herzogs Albert und des Erzherzogs Karl. Der
Friede von Campo Formio endete diese geschäftliche
Wirksamkeit Bleuls; er wurde aber, nachdem er zu=
vor in den Reichsritterstand erhoben worden, zum
Director der kaiserlichen Plenipotenz=Kanzlei bei dem

Congresse zu Rastatt ernannt, dem er auch bis zu seiner unerwarteten Auflösung beiwohnte. Dann veranlaßten ihn die Wirrnisse des wieder ausgebrochenen Krieges, in Erzbischöflich=Salzburgische Dienste zu treten. Er erhielt unter Erhebung in den Reichs=Freiherrnstand den ehrenvollsten Abschied und übernahm 1799 als Hofkanzler die Leitung der Regierung. Sein Eintritt war die Losung eines neuen Geschäfts=geistes: das Cabinet ward neu organisirt und rege Thätigkeit in alle Stellen gebracht, auch von oben herab in die vielseitigen Verbesserungspläne freundlichst eingegangen.

Die französische Armee nahte sich aber bald den Grenzen des Landes. Der Fürst=Erzbischof sah sich genöthigt, zu fliehen, und setzte an seiner Stelle eine Statthalterschaft nieder, von der von Bleul ein hervorragendes Mitglied wurde. Dies blieb er bis zur Säcularisation des Erzstifts und ward dann von dem in Folge des Regensburger Deputationsschlusses zur Regierung berufenen Großherzog von Toscana, Erzherzog Ferdinand, zum Chef der geheimen Conferenz ernannt. Jetzt war er vollkommen in seinem Wirkungs=kreise, und seine feurigen Ideen neuer Verbesserungen wirkten durchgreifend in allen Theilen, namentlich bei der Organisation der Behörden: weder Geburt noch Alter behaupteten ihre sonst gewohnte Einwirkung; nur bisherige Dienstleistungen und Fähigkeit fanden Berücksichtigung. Er wollte das Gute und handelte nur nach bester Ueberzeugung auf diesen Zweck hin. Sowohl die Organisation der Beamten, als die Ver=

bejjerung, Vereinfachung und schnelle Erledigung im Civil= und Criminal=Justizgange, die Anlagen neuer Straßen, die Ermunterungen für die Cultur, die Re= gulirungen der milden Stiftungen, die Trennung der Verwaltung von der Justiz, welche letztere er im Eich= stätt'schen mit dem besten Erfolg einführte, sind spre= chende Beweise seiner unermüdlichen Thätigkeit. Un= erschütterliche Rechtlichkeit war der Grundzug seines Charakters ; die Pflicht, zu helfen, war seinem Herzen die theuerste, und nicht selten erhöhte er den Werth der Hülfe durch Ueberraschung. In seiner Uneigen= nützigkeit gab er noch von dem Eigenen hin, wenn er die Ueberzeugung des Guten und Nützlichen hatte. Zur Bildung junger Leute schickte er sie in's Ausland, um ihre eingewurzelte Vorliebe für einseitige Ansichten der Heimath zu berichtigen. Streng im Dienste, über= trug er die Verhältnisse desselben nie auf den Privat= mann: sein Haus war ein Versammlungsplatz für Alle ohne Unterschied des Standes, und zeigte er sich hier gerne als glücklichen Gatten und Vater.

Indeß erfolgte eine zweite Invasion französischer Heere und nach ihr abermals ein Wechsel in der Re= gierung, indem Salzburg aus der Reihe selbstständiger Staaten gestrichen und Oestreich zugetheilt wurde. Hier waren Bleul's Verdienste noch in guter Erinnerung, und so wurde er im Jahre 1807 zum Präsidenten des Landes ernannt. Leider konnte er sich dieser Stellung nicht lange erfreuen: er starb an einem Herzleiden zwei Monate später, am 21. September 1807, im 43. Jahre seines thatenreichen und vielbewegten Lebens, von denen er zehn in der glücklichsten Ehe mit Friederike geb. D'Ester aus Vallendar verlebt hatte. Er hinterließ eine junge Gattin und fünf Kinder, von denen der ältere Sohn in Würzburg lebt, während der jüngere in unserer Nähe seinen Wohnsitz aufgeschlagen hat und ein thätiges Mitglied unseres Kreißstandes ist.

Eine der ersten Arbeiten Bleul's waren seine Beiträge zu einem Idiotikon der Coblenzer Mundart, welche im Jahre 1787 in den Nummern 6—15 des kurtrierischen Intelligenzblattes (Coblenz, bei Krabben) erschienen. So unbedeutend dieselben auch uns jetzt erscheinen, so wurden sie doch damals als eine der ersten Arbeiten auf diesem Gebiete mit Beifall aufgenommen. Demselben Blatte lieferte er noch verschiedene Aufsätze, als z. B. über Verbesserung der Professionen und Handwerker, über Handwerks=Mißbräuche, über den deutschen Handel, über die Coblenzer Messe, über den Luxus des 15. Jahrhunderts im Trierischen ꝛc. In dem Hamburger politischen Journal von 1801 erschien von ihm „Beitrag zur näheren Kenntniß der Größe, Bevölkerung und Staatseinkünfte des Erzbisthums Salzburg", sowie er denn noch mehrere ähnliche Aufsätze schrieb, bei deren größtem Theile er sich nicht nannte.

4.

Johann Jacob Bohl

war in Coblenz den 13. December 1785 geboren, wo
sein Vater Konrad ein kaufmännisches Geschäft betrieb.
Er kam im Jahre 1806 auf die Bureaux der Prä=
fectur, war in den Kriegsjahren russischer Kriegszahl=
meister und begleitete als solcher die Armee nach Frank=
reich. Im Jahre 1816 ward er als Secretair bei der
königl. Regierung angestellt. Bohl hat sich bekannt
gemacht durch seine Sammlung Trierischer Münzen,
welche er auch in seinem Werke: „Die Trierischen
Münzen, chronologisch geordnet" (1823, mit einem
Nachtrag von 1837) beschrieb. Dieß höchst interessante
Münzcabinet, welches in Vollständigkeit und Schönheit
einzig bastand und in auch nur annähernder Weise nie
mehr zu erreichen sein wird, erwarb nach langen Ver=
handlungen das Berliner Museum äußerst billig, letzteres
dem Umstande verdankend, daß die Erben in rühmlicher
Pietät die Sammlung nicht zersplittern wollten. Bohl,
seit 1844 pensionirt, starb den 28. Juni 1851.

5.

Franz Jacob Clemens

ward geboren in Coblenz den 4. October 1815. Sein
Vater, Simon Clemens, Kaufmann, bewohnte mit

seiner Hausfrau Anna Maria, geb. Fischer, das jetzige
Kratz'sche Haus auf dem Markte, welches auch das
Geburtshaus von Clemens war. Nachdem dieser einige
Zeit in einem Pensionat zu Trier, eine längere im
College royal zu Metz verweilt hatte, kam er in das
Jesuiten=Collegium zu Freiburg. Hier erhielt er seine
eigentliche Jugendbildung und Geistesrichtung; denn
nur kurz war sein späterer Aufenthalt auf dem Gym=
nasium in Coblenz, von welchem er im Jahre 1834
nach abgelegtem Maturitäts=Examen die Universität
Bonn bezog. Diese vertauschte er im Jahre 1835 mit
jener zu Berlin und lag hier während sieben Semester
hauptsächlich philosophischen Studien ob, hörte aber
noch nebenbei die verschiedensten Vorlesungen, als unter
andern römisches Recht bei Savigny und Physiologie
bei Johannes Müller. Am 19. April 1839 erwarb
sich Clemens zu Berlin die philosophische Doctorwürde.
Er wandte sich demnächst nach München, wo er mit
Görres in nähere Verbindung trat, und von dort nach
Rom. Hier lernte er die italienische Philosophie genau
kennen, machte aber zugleich ernste Studien über die
Dichter, namentlich über Dante, in Folge dessen er in
späteren Jahren wiederholt Vorträge über dessen divina
comedia gehalten. Im Jahre 1843 ließ sich Clemens
als Privatdocent der Philosophie in Bonn nieder.
Seine ausgeprägte religiöse Richtung trat hier seinem
Fortschreiten hemmend entgegen; es kamen hinzu man=
nichfache literarische Kämpfe; wir erinnern nur an
seine 1845 erschienene Brochüre: „Der h. Rock in
Trier und die protestantische Kritik. Zur Würdigung

der Schrift: der h. Rock von Dr. Gildemeister und Dr. von Sybel, Professoren an der Universität zu Bonn", und so brachten ihm seine Vorlesungen, namentlich jene über Metaphysik und Geschichte der Philosophie, welche als vortrefflich galten, nur die Anerkennung seiner Zuhörer und Gesinnungsgenossen. Im Jahre 1847 erschien sein Werk: „Giordano Bruno und Nicolaus von Cusa" als ein Beitrag zur Geschichte der Philosophie des Mittelalters. Im folgenden Jahre aber ging er, vom 23. rheinpreußischen Wahlbezirk Bonn gewählt, als Abgeordneter nach Frankfurt in's Parlament, wo er sich der entschieden katholischen, großdeutschen Partei anschloß. Sein dortiger Aufenthalt war jedoch nur kurz. Im October 1848 wohnte er auch der ersten katholischen Versammlung zu Mainz bei, wo er durch eine begeisterte Rede zur Gründung von Vincentius=Vereinen anregte. Auch an späteren katholischen General=Versammlungen nahm er Theil, wie er denn überhaupt keiner katholischen, jetzt wohl besser „ultramontan" genannten Bestrebung fremd blieb.

Im Jahre 1853 gab Clemens heraus: „Die speculative Theologie A. Günther's" und „Die katholische Kirchenlehre" — und gerieth dadurch abermals in einen Kampf, und zwar mit der Schule Günther's, und mit Männern wie Baltzer in Breslau, Knoodt in Bonn u. A. Wir können über diese Fehde, in welcher er, die Autorität, den Glauben der Kirche als den Maaßstab und das Regulativ philosophischer Forschung hervorhebend, einer großen Zahl von Gegnern gegenüberstand, nur sagen, daß in höchster kirchlicher Instanz zuletzt zu seinen Gunsten entschieden wurde.

Im Jahre 1856 erhielt Clemens eine ordentliche Professur der Philosophie an der Akademie zu Münster. Hier sah er ein schönes Feld der Wirksamkeit vor sich, und auch die Akademie erkannte in ihm einen werthvollen Zuwachs ihrer Kräfte. Wuchs doch die Zahl der Studirenden mit ihm, wie denn auch immer jene seiner Zuhörer eine bedeutende war. Aber die Dauer seiner Wirksamkeit sollte nur kurz sein: Kränklichkeit hatte dieselbe öfters unterbrochen; im Jahre 1861 mußte er sie wegen eines Halsleidens ganz einstellen. Vergeblich suchte er Hülfe auf der Wasser-Heilanstalt Laubach, in Dürkheim a. d. H. und in Hyères; vergeblich setzte er seine letzte Hoffnung auf Rom: er unterlag seinem Leiden daselbst den 24. Februar 1862.

Allen, die Clemens kannten, — er lebt ja noch in frischem Gedächtniß bei sehr Vielen von uns — wird seine Freundlichkeit, seine herzgewinnende Rede, die fort und fort seine große Herzensgüte wiederspiegelte, die Lebhaftigkeit seines Geistes und die Heiterkeit seines Charakters stets die freundlichste Erinnerung gewähren. Im Jahre 1845 hatte er Maria Anna Diez, deren Vaterhaus ein Sammelpunkt katholischen Lebens unserer Stadt war, als Hausfrau heimgeführt; sieben Kinder sind dieser Ehe entsprossen. Der Wittwe sandte der Papst den ihrem Manne verliehenen Piusorden als ein ehrendes Angedenken und theures Vermächtniß.

7.

Philipp Cordier

ward geboren in Coblenz den 1. Mai 1716. Von armen Eltern stammend (sein Vater Arnold war Weber), trat er mit 17 Jahren in den Jesuiten=Orden, promovirte zu Köln als Doctor der Theologie und wurde demnächst als Lehrer der h. Schrift und der orientalischen Sprachen an das Collegium zu Düren gesendet. Dort erhielt er einen Ruf als Professor der h. Schrift an das Seminarium Clementinum zu Trier. Hier wirkte er bis an sein Ende. Er besaß eine seltene, in hohem Grade anziehende Lehrgabe, und sein Vortrag zeichnete sich durch Scharfsinn und Klarheit aus, daher denn auch seine Schüler mit großer Liebe und ehrfurchtsvoller Dankbarkeit an ihm hingen. Er schrieb viele gelehrte Abhandlungen, von denen eine, des Titels: Religio christiana ex prophetis antiquis demonstrata. Trev. 1775. 4., sich in unserer Bibliothek befindet. Cordier, der von kleinem, schwächlichem Körperbau war, starb, hoch betrauert, den 28. Juli 1779; sein Vermögen erbte die Schule der Pfarrei St. Antonius in Trier.

6.

Karl Kaspar Creve

ward geboren zu Coblenz den 28. October 1769. Sein Vater, Johann Baptist, war gräflich Leyen'scher Be=

amter und ertheilte seinem Sohne eigentlich die Namen
Johann Kaspar; dieser vertauschte indeß den Johann
in Karl und veranlaßte dadurch u. A. Callisen in seinem Schriftsteller-Lexikon, IV. Bd. p. 406, in dem
J., welches er seinem Namen unter einem früheren
Aufsatze vorsetzte, einen Druckfehler zu vermuthen.
Creve widmete sich der Medizin und promovirte in
Mainz im Jahre 1792, bei welcher Gelegenheit er
seine Dissertation »de fracturis ossium pelvis« seinem „gütigsten" Kurfürsten Clemens Wenceslaus widmete. Im Jahre 1793 ward er außerordentlicher Professor an der Universität zu Mainz, nach deren Auflösung er sich in Eltville niederließ. Hier wurde er
als Nassau-Usingen'scher Hofrath Mitglied des Landes-
Sanitäts-Collegiums, blieb aber nur wenige Jahre in
dieser Stellung und ging dann mit dem Titel eines groß-
herzoglich Frankfurt'schen Geheimen Raths nach Frankfurt, in welcher Stadt er lange Jahre einer bedeutenden
Praxis sich erfreute. Im höhern Alter zog er sich auf
sein Gut in Eltville zurück, wo er auch den 7. Juli
1853 starb. Er hat Mehreres geschrieben, z. B. „Vom
Metallreize, einem untrüglichen Prüfungsmittel des wahren Todes. 1796.", „Der Gesundbrunnen zu Weilbach.
1810.", früher noch sein bestes Werk: „Von den Krankheiten des weiblichen Beckens", über welchen Gegenstand
er auch bei der 1. Versammlung der Naturforscher in
Bonn (1835) einen Vortrag hielt. Sein anatomisches
Museum war nicht unbedeutend. Ein Portrait von ihm
lieferte Mayer nach einem Gemälde von Schmitt, fol.

8.

Hugo Dinget

warb geboren zu Coblenz den 18. Dezember 1767;
sein Vater war der Consulent, Archivar und Cassirer
der niederrheinischen Ritterschaft, Karl Joseph Dinget,
der das früher v. Metternich'sche, spätere von der Hees
Gut auf der Brohl von letzterer Familie wohlfeil er=
worben hatte. Hugo warb kurtrierischer Hofkammer=
rath, lebte aber späterhin als Privatmann auf dem
eben genannten Gute, wo er auch den 9. Dezember
1827 starb. Er ist bekannt geworden durch sein nu=
mismatisches Werk: „Münz= und Medaillenkunde des
vormaligen Erzstifts und Churfürstenthums Trier.
(1821. Zusätze. 1824.)“. Bei der Versteigerung sei=
nes Nachlasses erwarb das Buch die Hölscher'sche Buch=
handlung, welche es mit einem neuen Titel — „Cob=
lenz 1830“ — in Verbreitung setzte. Hierburch wurde
man zu dem Glauben verleitet, daß es nach dem
Bohl'schen Werke geschrieben, während es ein Vorläufer
desselben war, und gab dies zu manchen Irrungen
Veranlassung. Dinget hat sich indeß immerhin durch
dieses Werk ein größeres Verdienst um die Münzkunde
unseres Vaterlandes erworben.

9.

Emmerich Joseph,

Erzbischof und Kurfürst von Mainz, Bischof von Worms ꝛc.,

ward geboren zu Coblenz, im jetzigen Sehmer'schen
Hause, Kornpfortstraße 15, den 12. November 1707.
Sein Vater war der Freiherr Damian Ferdinand von
Breidbach-Bürresheim, seine Mutter Anna Helena
Sophia Freiin von Warsberg. Schon bei der Geburt
ward er als sechster Sohn aus dieser Ehe für den
geistlichen Stand bestimmt, und so erhielt er bereits
im Jahre 1714 in Trier, im Jahre 1719 in Mainz
eine Dompräbende. Nach absolvirten Universitätsstudien
in Rheims rückte er zu Mainz im Jahre 1732, zu
Trier im Jahre 1736 in die Zahl der Domcapitulare
ein. Da er gleichzeitig Capitularherr bei dem Ritter-
stift zu St. Alban und Canonicus zu St. Victor in
Mainz geworden, nahm er seinen Wohnsitz in dieser
Stadt. Hier beschäftigte er sich viel mit dem Studium
des Landrechts und ward wohl in Folge dessen späterhin zum Präsidenten der Landes-Regierung ernannt.
Im Jahre 1758 ward er Dombechant und zeichnete
sich auch in dieser Stellung durch Eifer und strenge
Pflichterfüllung sowie durch eine große Herzensgüte
aus. Nach dem am 4. Juli 1763 erfolgten Tode des
Kurfürsten Johann Friedrich Karl, Grafen von Ostein,
hatte er unter den Candidaten die wenigsten Stimmen,
nämlich 5, während der Domsänger von Specht-Buben-
heim 8, der Dompropst von Elz 11 Stimmen hatte.

Der unerwartete Uebertritt des Domsängers zu der Partei Emmerichs entschied seine Wahl, der denn auch gleich der Dompropst von Elz beitrat, so daß dieselbe eine einstimmige ward (5. Juli 1763). Alsbald brachte daher der Magistrat unserer Stadt Coblenz dem Vater des neu gewählten Kurfürsten die Glückwünsche der Stadt; ebenso feierten die Zünfte und Bürger das freudige Ereigniß in einem feierlichen Aufzuge, wofür der Freiherr den letztern drei Fuder Wein zum Besten gab.

Den 13. November 1763 empfing Emmerich Joseph in der Schloßcapelle die bischöfliche Consecration; für das mit der päpstlichen Bestätigung verliehene Pallium war eine Abgabe von 70,000 fl. verbunden, welche das Land aufzubringen hatte. Der neue Kurfürst erließ diese Abgabe seinen Unterthanen und berichtigte obige Summe aus eigener Tasche. Den 3. April 1764 krönte er den neu erwählten römischen König Joseph II. unter dem Beistande der Kurfürsten von Trier und Köln zu Frankfurt a. M. Bald nach seiner Rückkehr ernannte er den kenntnißreichen Freiherrn von Groschlag zum Conferenz=Minister und ordnete mit dessen Hülfe die Finanzen, die durch den kaum beendigten 7jährigen Krieg sehr in Verfall gerathen waren, namentlich durch Tilgung der bedeutenden Schulden mittelst Beschränkung der Ausgaben für den Hofstaat und das Militär. Eine vorzügliche Aufmerksamkeit widmete der Kurfürst den Kirchen= und Schul=Angelegenheiten. Er suchte die Geistlichkeit zu einer sorgfältigen wissenschaftlichen Bildung und zu genauer Erfüllung ihrer Berufs=

7

pflichten anzuhalten; er beschränkte die Zahl der Feier=
tage erheblich und sorgte eifrig für wissenschaftliche
und praktische Ausbildung der Zöglinge des Priester=
Seminars. Den Ordensgliedern legte er die getreue
Beobachtung ihrer Ordensregeln an's Herz und unter=
sagte ihnen streng den Aufenthalt außerhalb ihrer
Klöster, ebenso die Aufnahme in letztere vor voll=
endetem 25. Jahre und verbot das Einbringen von
mehr denn 200 fl. bei der Aufnahme. Er gründete
ein Schullehrer=Seminar und eine Realschule in Mainz
und leitete überhaupt eine Reform des Schulwesens
ein, die allgemeine Anerkennung fand. Im Gebiete
der Rechtspflege wurde durch ihn das gerichtliche Ver=
fahren vereinfacht und abgekürzt, das Vormundschafts=
wesen musterhaft geordnet und auf eine strenge und
unparteiische Rechtspflege fest gehalten. Durchgehends
wurden strengere Prüfungen eingeführt, und nur wahr=
haft wissenschaftliche Männer fanden im Staatsdienste
Anstellung. Handel und Gewerbe suchte er in jeder
Weise zu heben; er verbesserte die Landstraßen und
widmete der Mainzer Schifffahrt das größte Interesse.

In Erfurt bewirkte der Kurfürst im Jahre 1767
eine völlige Um= und Neubildung der Universität, wo=
hin er unter Andern den damals in der Blüthe seines
Ruhmes stehenden Wieland als ersten Professor der
Philosophie berief und neben der katholischen Facultät
auch ein Collegium von Professoren der Theologie
Augsburgischer Confession errichtete. Denn so auf=
richtig und wahrhaft sein Sinn für die katholische
Religion auch war, so zeigte er doch einen erfreulichen

Geist der Duldung. Unter seinem Militair gelangten
Protestanten zu den höchsten Stellen, und in seinen
Gesellschaften war es ihm gleichviel, wer dabei war,
wenn es nur aufrichtige und tüchtige Männer waren.
Zum Statthalter in Erfurt setzte er im Jahre 1772
den Freiherrn Karl Theodor von Dalberg ein, der sich
unter seiner unmittelbaren Leitung zum Staatsmanne
gebildet hatte; schon frühe hatte er dessen außerge=
wöhnliche Befähigung erkannt.

Sehr verdienstlich war Emmerich Josephs Wirken
in dem Hungerjahr 1771, wo, wie in ganz Deutsch=
land, so auch im Kurfürstenthum Mainz Theuerung,
Noth und Epidemien herrschten. Er spendete Geld,
ließ die Dürftigen mit Getreide aus den Magazinen
versehen, sorgte für Ankäufe von Getreide in der Ferne,
das zu mäßigen Preisen wieder abgelassen wurde, ver=
anlaßte die Klöster, ihre Vorräthe billig wegzugeben,
u. s. w.; dann unternahm er aber auch größere
Bauten und ermunterte reiche Privatpersonen und
Corporationen zu solchen, um den ärmern Klassen
Verdienst zu geben. Seine Vorkehrungen wurden als
die besten anerkannt, so daß der berühmte Johann
Jacob Moser durch dieselben zu der Aeußerung ver=
anlaßt ward, daß in dem Kurfürsten alle erhabene
Eigenschaften eines Regenten vereinigt gewesen seien.

So wie er im Jahre 1764 unmittelbar nach der
Krönung Kaiser Josephs II. den Kurverein erneuerte
und die Freude hatte, zum ersten und einzigen Male
sämmtliche 9 Kurfürsten versammelt zu sehen, so kam
er im Jahre 1769 mit den Kurfürsten von Trier und

Köln in Coblenz zusammen. Hier fand eine Berathung über die Macht des Papstes in zeitlichen Dingen statt, und waren es 31 Punkte, welche die Kurfürsten gegen päpstliche Eingriffe aufstellten und an den Kaiser absendeten, um deren Abstellung zu bewirken. Dieser antwortete indeß ausweichend, und da die Kurfürsten sahen, daß die nachgesuchte kaiserliche Unterstützung nicht zu erzielen sei, ließen sie die Sache einstweilen auf sich beruhen.

Am 1. März 1768 ward Emmerich Joseph zum Bischof von Worms und 1771 nach dem Tode seines Bruders Karl Ernst zum Dompropst in Trier gewählt. Aber er sollte diese Würden nicht lange mehr bekleiden, er erkrankte an Brustwassersucht und starb plötzlich am 11. Juni 1774. Am 25. desselben Monats ward er in der Domkirche beigesetzt. In seinem Testamente errichtete er ein Fidei-Commiß zum Vortheil seiner Familie.

Emmerich Joseph war ein ausgezeichneter Reiter und tüchtiger Jäger; er liebte eine heitere Gesellschaft, namentlich beim Glase Wein, wobei er nicht viel nach dem Range und Stande seiner Genossen fragte. Ausländische Weine kamen nie auf seinen Tisch. Seine Tafel war die eines reichen Bürgers, einfach und ohne Leckerbissen; überhaupt war er für seine Person höchst einfach und anspruchslos. Erleuchtung in der Religion, Rechtschaffenheit in seinen Handlungen, Strenge in der Gerechtigkeit, Weißheit in seinen Gesetzen und Muth in Vollziehung derselben waren die Züge seines Charakters, an welche sich noch eine ungemeine Herzens-

güte reihte. Letztere bewährte er in unzähligen Fällen.
So hatte einst ein etwas zu gutmüthiger, von den
Domherren viel besuchter Amtskellner mit zahlreicher
Familie ein Deficit von 7000 fl. gemacht, und seine
Caſſation ſtand bevor. Die traurige Lage des gaſt=
freien Mannes ging dem Kurfürſten nahe, und ſo
ſchickte er denn einem Paſtor aus der Nachbarſchaft
deſſelben die fehlende Summe mit dem Auftrage, ſie
dem Amtskellner gegen zwei Schuldſcheine zu leihen,
dieſe ihm dann gelegentlich zu bringen, vor Allem aber
das tiefſte Stillſchweigen zu beobachten. Der Paſtor
brachte endlich die Scheine; eine Flaſche Wein ward
vorgeſetzt, zwei Pfeifen geſtopft und mit den zu Fibibus
geformten Scheinen dieſelben gleichzeitig angebrannt.
Solche Thaten gewährten dem Kurfürſten das reinſte
Vergnügen.

Bei Durchſicht einer Jahresrechnung der Küche
bemerkte er einſtmal im Anfang ſeiner Regierung, daß
nahe an 2000 Stück Hahnen, Kapaunen 2c. als kre=
pirt und verloren gegangen notirt waren, und ebenſo
fand er, daß in einer ſolchen Rechnung des Kellers
10 Stückfäſſer als ausgelaufen angegeben waren. Er
ließ Keller= und Küchenmeiſter kommen und empfahl
dem erſtern, für beſſeres Faßholz Sorge zu tragen, da
ihm durch das zu junge Holz nicht nur 10 Fuder
Wein ausgelaufen, ſondern auch in dieſem Wein 2000
Stück Federvieh erſoffen wären; dem letztern aber trug
er auf, das Federvieh vor einem ſolchen Tode für die
Folge zu bewahren. Sonſt ſei Alles in beſter Ord=
nung! — Bekannt iſt die Anekdote, daß er, als er

einst seinen Ofen heizen wollte, von einem Gardisten einen Schlag auf den fleischigsten Theil seines Körpers erhielt. Als der Gardist zu seinem Schrecken den Irrthum gewahrte, fiel er nieder und betheuerte, er habe geglaubt, es sei ein Anderer. „Flegel!" erwiederte der Kurfürst im Ausbruch seines Schmerzes, „wenn es auch der Andere gewesen wäre, hättest Du doch nicht so hart schlagen sollen!"

Unbedenklich muß Emmerich Joseph zu den ausgezeichnetsten, erleuchtetsten und wohlwollendsten Regenten des Kurstaates gezählt werden: er verdiente den Namen eines Großen; selbst die Clubbisten von 1795, weit entfernt, sein Andenken zu schmähen, gaben ihm den Ehrennamen des Menschlichen.

10.

Johann Hugo von Gaerz

war geboren in Coblenz den 15. August 1684 in dem von seinem Vater, dem Hofrath Heinrich Wolter von Gaerz erbauten, jetzigen Kehrmann'schen Hause am Paradeplatz. Er nahm im Jahre 1697 Besitz von dem ihm verliehenen Canonicat zu St. Florin. Später zum erzbischöflichen Official ernannt, bekleidete er diese Stelle nur kurze Zeit, indem er im Jahre 1715 zum Bischof von Doryla (episcopus Dorylensis in partibus) zu Bonn geweiht und zu gleicher Zeit zum Weihbischof von Osnabrück erwählt wurde. Der Kurfürst

von Trier, Karl von Lothringen, war Fürstbischof zu
Osnabrück. Da nach dem Reichsdeputationshaupt=
schlusse von 1648 einem katholischen Fürstbischof in
Osnabrück jedesmal ein Prinz aus dem Hause Braun=
schweig=Lüneburg zu folgen hatte, ward Johann Hugo
vom Kurfürsten Karl zum Weihbischof von Osnabrück
besignirt. So fiel denn demselben nach des Kurfürsten
Tode (4. December 1715) die geistliche Regierung des
Hochstifts anheim, während die weltliche an Ernst
August II. gelangte. Leider war sein Wirken nur von
kurzer Dauer: er starb nämlich schon am Christtage
des Jahres 1716 in dem Alter von 32 Jahren. Die
ihm im Dome zu Osnabrück gesetzte Grabschrift lautet
nach dem „Rheinischen Antiquarius": »Hic jacet, in
quo, dum viveret, effigies S. Caroli Borromaei
stetit; dixisses ipsissimum, nisi nomen scivisses:
Joannes Hugo a Gaertz, Episcopus Dorylensis,
Missionum septentrionalium Vicarius Apostolicus,
denatus anno MDCCXVI. die XXV. Decembris:
effigiem ipsam in se dum faciebat, dabat umbram
humilitas, lucem puritas. Zelus, scientia, oratio,
sui abnegatio grata erat, quia sancta, mixtura
colorum: solus argenteus deerat; et habuisset,
nisi pauperes fuissent, quibus et se et sua dedit.
Hoc reliquit quod hic jacet, caetera habet coelum,
tu viator exemplum. R. I. P.«

Ein zweiter Johann Hugo von Gaerz ward im
Jahre 1725 Canonicus an der Collegiat=Kirche zu
St. Simeon in Trier und starb im Jahre 1756.

11.

Friedrich von Gärtner

warb in Coblenz den 10. December 1791 geboren, und
zwar in dem Douqué'ſchen Hauſe in der Burgſtraße
Nr. 4, welches kürzlich niedergeriſſen worden, um einem
Neubau Platz zu machen. Sein Vater war der kur-
trieriſche Hofbaumeiſter und Ingenieur-Hauptmann Johann Andreas Gärtner, ſeine Mutter Barbara Sachs.
Er war kaum 3 Jahre alt, als der Vater emigrirte;
wir finden dieſen im J. 1804 als Hofbau-Intendant
in München wieder. Friedrich folgte der Laufbahn ſeines
Vaters und widmete ſich ebenfalls dem Baufach. Im
J. 1812 machte er eine Reiſe nach Paris, 1814 eine
ſolche nach Italien, wo er, und namentlich in Sicilien,
vier Jahre lang verweilte. Im J. 1819 zurückgekehrt,
veröffentlichte er „Anſichten der meiſten erhaltenen grie-
chiſchen Monumente Siciliens" und bereiſte dann England. Indeß ſchon 1820 warb er zum Profeſſor der
Baukunſt bei der Akademie in München ernannt und
erhielt 1822 die Leitung der königl. Porzellan-Fabrik
und der auf ſeine Veranlaſſung neu errichteten Glas-
malerei-Anſtalt. Seine Bauthätigkeit begann im J. 1829
mit der prachtvollen Ludwigskirche, welche er im mittel-
alterlich-italieniſchen Stile von weißem Kalkſtein auf-
führte; und nun folgte eine Reihe von andern mehr oder
minder größern und reichern Bauten, als der Bibliothek,
der Univerſität, des Damenſtifts St. Anna, des Blinden-
Inſtituts und vieler andern. Von ihm rührt auch der

Entwurf zu dem neuen Königspalast in Athen her,
wohin er den König Ludwig im Jahre 1836 begleitet
hatte und im Jahre 1840 mit einer großen Zahl von
Bauleuten und Malern abermals ging, um den Palast
zu vollenden. Gärtner folgte 1841 in der Direction der
Akademie der bildenden Künste dem berühmten Cornelius
und stand überhaupt hoch in der reichlich verdienten
Gunst seines Königs, als ein Schlagfluß den 21. April
1847 rasch seinem Leben ein Ende machte.

Gärtner war in seinem Fache von großer Bedeutung
und ist vielfach Schinkel zur Seite gestellt worden.

12.

Johann Joseph Görres

ward zu Coblenz den 25. Januar 1776 geboren. Sein
Vater war Kaufmann und Holzhändler und bewohnte
ein, jetzt zum Gasthaus zum Riesen gezogenes Haus
in der Rheinstraße; seine Mutter war eine geborene
Mazza. Diese führte einst unsern Görres zu dem
Canonicus Milz und theilte diesem mit, der Knabe
wolle Seefahrer werden; da sie diesen Wunsch nicht
entfernt beurtheilen könne, bäte sie um seinen Rath.
Milz sprach sich über die Idee günstig aus, zweifelte
aber an der Befähigung und dem Muth des unschein-
bar aussehenden Knaben. Dieser einfache Hergang ist
zu einer verbreiteten Anekdote geworden, in welcher der
Seefahrer sich in einen Seifensieder verwandelt hat!

Späterhin wollte Görres sich der Medicin widmen; die Ereignisse vereitelten indeß diese Absicht. Hingerissen von den Ideen der französischen Revolution, stürzte er sich in deren Treiben und Wirrnisse und stellte sich offen und entschlossen dem Staate und der Kirche gegen= über. Beide erhielten die empfindlichsten Streiche von ihm, und zwar nicht bloß mit dem Worte — er war zum erstenmal als öffentlicher Redner aufgetreten, als am 14. September 1797 der Freiheitsbaum auf dem Paradeplatz gepflanzt wurde —, sondern auch mit der Feder. Er begann nämlich das „Rothe Blatt" zu schreiben, das er später unter dem Namen „Rübezahl" fortsetzte. In diesen Blättern schonte er die französi= schen Republikaner keineswegs, und in dem Ingrimm über ihre Schlechtigkeit schlug er kühn die Namen mit Titel und Würden derjenigen an den Pranger, deren Inhaber sich irgend eine Niederträchtigkeit hatten zu Schulden kommen lassen. Ja, selbst die gesammte französische Regierung griff er schonungslos an, wo sie es verdiente. Da waren denn die Folgen die gewöhn= lichen, und im Jahre 1799 hörte der „Rübezahl" auf. Im Jahre 1798 war von ihm bereits erschienen: „Der allgemeine Friede; ein Ideal", eine Abhandlung, welche er zwei Jahre früher, eben 20 Jahre alt, geschrieben hatte. Kaum hatte der „Rübezahl" aufgehört, als Görres Mitglied einer Deputation ward, welche nach Paris ging, um die Vereinigung der Rheinlande mit Frankreich zu verlangen; von dort kam er indeß sehr enttäuscht zurück — die Deputation war nicht einmal zu einer Audienz bei dem ersten Consul zugelassen

worden —; er hatte einen Blick in das Wollen und
Wünschen des französischen Volkes gethan, der seinen
Erwartungen keineswegs entsprach und ihm namentlich
auch das Schreiben über Politik verleidete. Görres
ward indeß nach seiner Rückkehr zum Professor der
Naturgeschichte und Physik an der Secundär-Schule
in hiesiger Stadt angestellt, und obgleich er als solcher
einige Abhandlungen über Physiologie, Organologie ꝛc.
herausgab, fand er für seinen Geist doch nicht genug-
same Beschäftigung. Er siedelte deshalb im Jahre 1806
nach Heidelberg über, um an der dortigen Universität
sich einen größern Wirkungskreis zu gründen. Er hielt
Vorlesungen über alt-deutsche Literatur, gab die „Deutschen Volksbücher" heraus und entwickelte eine bedeutende literarische Thätigkeit. Indeß blieb seine Einnahme ungenügend, und hierdurch sah er sich genöthigt,
im Jahre 1808 wieder nach Coblenz zurückzukehren.
Von hier aus ließ er die „Mythengeschichte der asia-
tischen Welt" erscheinen, ein Werk, welches bedeutendes
Aufsehen erregte, und schrieb u. A. auch einen Aufsatz: „Fall der Religion und ihre Wiedergeburt", in
welchem sich schon keine Spur seiner früheren Feind-
schaft gegen die Kirche mehr findet (1810). Im Jahre
1814 begann er den „Rheinischen Merkur", ein Blatt,
dessen politische Tendenzen tief in die Weltgeschichte ein-
griffen und ihm unsterblichen Ruhm brachten; leider
mußte er es im Jahre 1816 wieder aufgeben. Zugleich
wurde Görres seiner Stellung als Director des öffentlichen Unterrichts am linken Rheinufer unter Belassung
eines Wartegeldes von 1800 Thlr. enthoben.

Die größere Muße, die ihm somit gegeben, wendete
er literarischen Bestrebungen zu; so schrieb er u. A.
eine Brochüre: „Deutschlands künftige Verfassung",
welche ungemeines Aufsehen erregte, und die für unsere
Stadt besonders wichtige „Adresse der Stadt Coblenz
und der Landschaft an Se. Majestät den König", 1818;
aber auch in Börne's „Wage" den Aufsatz: „Kotzebue
und was ihn gemordet", und 1819 die größere Schrift:
„Teutschland und die Revolution". Als dieses Werk
mit Beschlag belegt wurde, ging Görres, um sich den
vorauszusehenden Verfolgungen zu entziehen, nach Frank=
furt und von da, vor drohender Verhaftung gewarnt,
nach Straßburg. So kam er einer Abführung auf
eine Festung zuvor, die die gegen ihn sehr erbitterte
Regierung beschlossen hatte. In Straßburg beförderte
er im Jahre 1820 das „Heldenbuch des Iran", ein
persisches Heldengedicht in 2 Bänden, zum Druck und
schrieb 1821: „Europa und die Revolution" mit Be=
ziehung auf die politischen Wirren in mehreren euro=
päischen Staaten. Dieser Schrift folgte: „In Sachen
der Rheinprovinz und in eigener Angelegenheit" (1822)
und „Die heilige Allianz und die Völker auf dem
Congresse zu Verona" (1822). Gleichzeitig redigirte
er, wenn auch nur interimistisch, die Zeitschrift: „Der
Katholik", wie denn überhaupt seine eigentliche Rück=
kehr zur Kirche in diesen Aufenthalt zu Straßburg
fällt. Aber gerade in Folge dieser Veränderung seiner
religiösen Richtung ward er im Jahre 1827 als Pro=
fessor der Geschichte nach München berufen. Diesem
Rufe folgend, entwickelte er seine Ansichten über Ge=

schichte in der Schrift: „Ueber die Grundlage, Glie-
derung und Zeitenfolge der Weltgeschichte" (1830).
Seine nie ermüdende Feder lieferte nunmehr „Die
christliche Mystik" (1836 bis 1842 in 4 Bänden).
Kaum möchte je ein Werk erschienen sein, über welches
die Ansichten so verschieden waren, sich so schroff ent-
gegenstanden, wie über diese Mystik; dies geht so weit,
daß Einige den darauf verwendeten Fleiß geradezu
beklagen, während Andere ihn voller Anerkennung besonders hervorheben. Sehr bedeutend ward dann der
Einfluß von Görres in den sogenannten Kölner Wirren
durch seinen „Athanasius" (1837), der 4 Auflagen
in Tausenden von Exemplaren erlebte; noch größer durch
die von ihm gegründeten „Historisch-politischen Blätter",
in denen er als der unermüdliche und unbesiegliche
Verfechter aller katholischen Interessen auftrat und
dabei dem Katholicismus einen wo möglich noch festern
und entschiedenern Halt und Charakter aufdrückte. Gab
es doch keinen geistvollern Publicisten, keinen, der mit
feinerer Ironie seine zahlreichen Gegner zu bekämpfen,
nein! geradezu zu vernichten vermochte. Von seinen
Schriften sind noch zu erwähnen: „Die Triarier, Leo,
Marheinecke und Bruno Bauer" (1838), „Der Kölner
Dom und das Straßburger Münster" (1844) und
„Die Wallfahrt nach Trier" (1845), durch welche
letztere Schrift er ebenfalls in die Richtung der Zeit
entschieden eingriff.

Unstreitig war Görres einer der geistvollsten Gelehrten, welche Deutschland bis jetzt aufzuweisen hat.
Mit ungewöhnlichen Geisteskräften ausgerüstet und

stets sich durchaus unabhängig fühlend, wirkte er für
Alles, was ihm Recht und Wahrheit schien, mit ge-
waltiger Schärfe; unablässige Kämpfe stählten seine
Kraft, seine warme Liebe für's Vaterland, seine Begeisterung für die Kirche. Bis in sein höheres Alter
geistesfrisch, starb er zu München den 29. Januar
1848. In unserer Stadt ward am 7. Februar desselben Jahres ein feierliches Traueramt für den Verstorbenen gehalten. In der Einladung zu demselben
heißt es von ihm: „Zur Zeit der französischen Revolution, wie Viele, mit fortgerissen; bei der Befreiung
Deutschlands der Herold am Rhein; späterhin eine
Leuchtfackel und ein Streiter des Herrn!"

Görres war von wenig mehr denn mittlerer Größe,
hager, Nase und der fein geschlitzte Mund etwas groß;
sein schlichtes Haar war dunkelroth, sein Auge lebhaft
und voller Feuer. In seiner Kleidung war er stets
äußerst nachlässig: er konnte mit einem Stiefel und
einem Pantoffel ausgehen, war überhaupt für alle
Aeußerlichkeiten vollkommen gleichgültig. In der Fa-
milienstube, unter dem Lärmen seiner Kinder, schrieb
er seine politischen Aufsätze, welche die Welt in Erstaunen setzten, überall mit Begierde gelesen wurden
und ihm Männer wie Stein, Gneisenau, Scharnhorst,
Blücher und viele Andere zu Freunden machten. Er
bewohnte hier in Coblenz sein eigenes Haus, jetzt
Schloßstraße Nr. 7, und beschäftigte sich viel in seinem
Garten, der wohl jetzt die Gärten und Hofplätze der
Häuser Nr. 11 und 13 in derselben Straße bildet.
Verheirathet mit Katharina von Lasaulx, ward er

Vater von zwei Töchtern, von denen die eine, Sophie,
als die Gattin des Professor Steingast in Frankfurt
starb, die zweite, Marie, noch in München lebt, und
von einem Sohne,

Guido Görres.

Derselbe ward den 28. Mai 1805 in Coblenz geboren, studirte in Bonn Geschichte und Philosophie,
machte größere Reisen und trat dann als Schriftsteller,
als Dichter und besonders als Legendenschreiber für
die Jugend auf. Sein erstes größeres Werk war die
Jungfrau von Orleans (1834). Zahllos sind die
kleinern Schriften: Marienlieder, Festkalender, das
Leben der h. Cäcilia, das deutsche Hausbuch, die
Gottesfahrt nach Trier u. a. m. Als Mitredacteur
der historisch-politischen Blätter und für die Zeitungs-
presse überhaupt entwickelte er eine überaus große und
anerkennungswerthe Thätigkeit. Clemens Brentano
übertrug ihm bei seinem Tode die Herausgabe seiner
hinterlassenen Schriften, von denen die Märchen erschienen sind. Guido hinterließ aus seiner Ehe mit
Marie Vespermann drei Kinder, als er den 14. Juli
1852 starb.

Reich an gründlichem Wissen, überreich an Phantasie, zeugen alle seine Schriften von inniger Empfin-
dung und einem rein kindlichen Sinne. In streng
katholischem Geiste suchte er in mehr oder minder heiterer Form Erbauliches und Belehrendes zu bieten,
und dies gelang ihm in bis dahin nie erreichter Weise.
Der Tod seines Vaters, mit dem er stets zusammen-

gelebt, erschütterte ihn tief; sein Humor war verschwunden, und er welkte gleichsam dahin, bis seinem Siechthum der Tod ein Ende machte.

Der Gedanke, dem alten Görres in seiner Vaterstadt ein Denkmal zu setzen, ist mehrfach angeregt und besprochen worden, ja man äußerte vor längerer Zeit in der Versammlung der katholischen Vereine in Trier geradezu, daß die Rheinlande durch die Errichtung eines Denkmals für Görres sich selbst ehren würden. Ein Denkmal ist ihm schon im Dome zu Köln in der Widmung eines Fensters gesetzt worden, das in Composition und Ausführung vortrefflich genannt werden kann. Vielleicht wäre die Idee, Görres ein Denkmal zu setzen, vor einigen Jahren noch durchzusetzen gewesen, jetzt ist daran nicht mehr zu denken. So mag er sich denn damit begnügen, daß der katholische Leseverein sich in einem Hause vereinigt, welches der „Görresbau" benannt und mit seinem Steinbilde geschmückt ist.

13.

Alexander Grebel,

geboren in Coblenz den 3. Juli 1806, gestorben im Alter von 64 Jahren als Friedensrichter (seit 1838) in St. Goar, ist hier zu nennen als Verfasser der geschichtlichen Werke: „Das Schloß und die Festung Rheinfels. St. Goar 1844", und: „Geschichte der Stadt St. Goar. ibid. 1848." Beide Bücher gaben

ihm einen begründeten Ruf als Geschichtsforscher;
außerdem lieferte er gern gelesene kleinere Aufsätze
meist geschichtlichen, aber auch belletristischen Inhalts
in verschiedenen Zeitschriften.

14.

Wilhelm Arnold Günther

ward geboren in Coblenz den 31. October 1763. Sein
Vater, Matthias, war Bäcker, seine Mutter, Sybilla,
eine geborne Zimmermann. Nach vollendeten Gym=
nasialstudien, während welchen er oft als der Erste
und Tüchtigste die ausgesetzten Preise gewann, ward
er, noch nicht 20 Jahre alt, in der Prämonstratenser
Abtei Rommersdorf als Novize aufgenommen. Nach
dreien Jahren ward er in das Collegium der Abtei
Steinfeld in Köln gesendet und späterhin ihm auch der
Besuch der Universität Trier möglich gemacht. Hier
erwarb er sich den Grad eines Baccalaureus und Ma=
gisters der freien Künste und empfing den 22. Sept.
1787 die h. Priesterweihe. Nach Rommersdorf zurück=
gekehrt, ward er bald als Provisor in das an der
Lahn gelegene Frauenkloster Altenberg gesendet, welches
unter der Paternität von Rommersdorf stand. Nach
der Säcularisation auch dieses Klosters zog Günther
nach Ehrenbreitstein, wo er seine Vorliebe für histo=
rische und archäologische Studien mit regem Eifer be=
friedigte. Dazu fand er in dem Archiv zu Coblenz,

welches damals der Obhut seines Freundes Johann
Adam von Lasaulx anvertraut war, den geeigneten
Boden. Nebenbei mit der Ordnung des kleinen städti-
schen Archivs beschäftigt, benutzte er diese Gelegenheit
zum Entwurfe seiner „Geschichte der Stadt Coblenz",
welche er 1813 herausgab.

Im Jahre 1814 ward Günther vom Generalgou-
verneur Justus Gruner zum Archivar des Departe-
mental-Archivs ernannt, und war er der Erste, welcher
dieses zu ordnen und literarisch zu benutzen begann. Eine
Frucht dieser seiner Thätigkeit ist sein »Codex diplo-
maticus Rheno-Mosellanus«; Urkunden-Sammlung
zur Geschichte der Rhein= und Mosellande 2c., 5 Theile
in 6 Bänden, Coblenz 1822—1826". Dies Werk,
welches er in der uneigennützigsten Weise veröffentlichte,
enthält mehr denn 2000 Urkunden und behauptet noch
immer seinen hervorragenden Werth auf dem Quellen-
gebiete für vaterländische Geschichte.

Im Jahre 1826 ward Günther zunächst als bischöf-
licher Generalvicar nach Trier berufen; später trat er
ebenfalls in das Domcapitel ein. Auch in dieser Lebens-
stellung setzte er seine literarischen Bestrebungen fort, bis
er, unter'm 23. Juni 1834 vom Papste Gregor XVI.
zum Weihbischof und Bischof von Siena ernannt, einen
noch größern Wirkungskreis erhielt. Fast zu gleicher
Zeit ward er durch das Diplom eines Doctors der
Theologie von Seiten der Universität Breslau erfreut.
Nach dem Tode des Bischofs von Trier, Joseph von
Hommer, im Jahre 1836, verwaltete er unter kritischen
kirchlichen Verhältnissen, aber mit desto größerm Ruhme

die Diöcese Trier, in Anerkennung dessen ihm die erste Prälatur am Domstifte verliehen wurde. Lange aber sollte er sich seiner größern Muße nicht mehr erfreuen: er erkrankte an der Wassersucht, der er am 22. August 1843 unterlag. Er ruhet in dem schönen Kreuzgang des hohen Domes, neben dem von seiner Familie errichteten Epitaph, das ihn nach dem Leben darstellt. Seine Liebenswürdigkeit, wahre Frömmigkeit und treue Gesinnung werden eben so wenig wie seine edle Gestalt und wohlwollenden Gesichtszüge allen denen, die ihn kannten, je aus dem Gedächtniß schwinden.

15.

Henricus Confluentinus,

dessen Familienname „Boppard", war der 38. Abt der berühmten Benedictiner-Abtei St. Matthias bei Trier. Er ward gewählt den 21. August 1542 und starb nach vielen Drangsalen, die er und seine Abtei namentlich bei der Eroberung Triers durch den Markgrafen Albrecht von Brandenburg im Jahre 1552 erlitten, am 19. Januar 1566.

Andreas Bopparter,

sein Bruder, ward den 30. September 1542 zum Abte der eben so hoch stehenden Cisterzienser-Abtei Eberbach im Rheingau erwählt. Derselbe starb den 14. Sept. 1553. Von ihm wird unter Anderm erzählt, daß er

das in dem Keller der Abtei lagernde Faß von 74
Fuder, welches im Jahre 1525 bei einem Bauern=
Auflauf geleert worden war, wiederum gefüllt habe.

16.

Hierotheus Confluentinus

war ein geborner Coblenzer. Stramberg nennt ihn
den ältesten Sohn des Zolldieners Ph. E. Stammel
und bezeichnet den 7. September 1682 als seinen Ge=
burtstag. Nach Andern war sein Familienname Joh.
M. Burggraf; diese stützen sich auf eine vom derzeitigen
Pastor Kopp von U. L. F. hierselbst geschriebene Urkunde
vom 10. Dec. 1783, wonach ein Frater Hierotheus,
Capuziner Ordens, der mit seinem Weltnamen Joannes
Matthias Burggraff hieß, in seinem Testamente eine
Messe zur Memorie seiner Eltern gestiftet. Es erscheint
indeß hierbei auffallend, daß nichts Näheres über diesen
Fr. Hierotheus gesagt, daß z. B. seines Ruhmes als
Schriftstellers nicht erwähnt wird, und so möchte es
schwer fallen, die Identität der Personen zu beweisen.
Die Familie Burggraf war zur Zeit eine der bessern
Bürger=Familien unserer Stadt. Wir müssen es dahin=
gestellt sein lassen, ob unser Hierotheus derselben oder
der Familie Stammel angehörte. Den Namen Hiero=
theus nahm er an, als er in den Capuziner=Orden im
Kloster zu Ehrenbreitstein eintrat. Der Carbinal und
nachmalige Fürstbischof von Speyer, Graf Damian

Hugo von Schönborn, erwählte ihn im Jahre 1716 zu seinem Beichtvater; er folgte demselben nach Rom zur Wahl des Papstes Innocentius XIII. (1721). Im Jahre 1723 ward er zum Definitor, 1724 zum romanischen Custos für das General-Capitel, gleichzeitig zum Guardian des Klosters in Ehrenbreitstein, 1727 endlich zum Provinzial gewählt. Er blieb in letzterer Stellung durch viermalige Wahl bis zum Jahre 1757, in welchem Jahre er sich in das Capuziner-Kloster zu Trier zurückzog und daselbst 1764 starb. Er schrieb: Provincia Rhenana fratrum minorum Capucinorum, a fundacionis suae primordiis usque ad annum 1734. 4°. — Epitome historica, in qua res franciscanae generatim &c. 1750. 4°. — Manipulus Confluentinarum memorabilium rerum. Luxemburgi 1753. 8°. — und eine Abhandlung de Missae sacrificio. Mogunt. 1759. 4°. In der Provincia Rhenana, in welcher er über Gelehrte und Künstler, die seinem Orden angehörten, oft völlig unbekannte und überraschende Aufschlüsse gibt, führt P. Hierotheus auch eine Reihe von Coblenzern an, die sich in dem Orden ausgezeichnet, als den P. Petrus, der als Provinzial des Ordens zu Mainz im Jahre 1720 gestorben, den Guardian des Klosters zu Trier, P. Pancratius, mit seinem Familiennamen Konrad Stock und ursprünglich Küfer, der als Prediger sich auszeichnete (1733), den P. Petrus Damascenus, vor seinem Eintritt in den Orden Alexander Lauwenberg genannt, der als Poet am pfalzgräflichen Hofe zu Heidelberg in hoher Gunst stand und daselbst (1746) gestorben ist, den

P. Casimir, Beichtvater des Pfalzgrafen Johann Christian von Sulzbach, u. A. m. Näheres über dieselben wissen wir indeß nicht anzugeben. Der Manipulus Confluentinus, wenn auch größtentheils aus v. Hontheim und aus Brower zusammengetragen, ist das erste geschichtliche Werk über unsere Stadt und immerhin noch werthvoll.

17.

Joseph Ludwig Aloys von Hommer

ward den 4. April 1760 zu Coblenz geboren. Die Familie v. Hommer hatte ihren eigentlichen Sitz in Kettig, war aber schon längere Zeit nach Coblenz übergesiedelt. Der Vater, Johann Friedrich, war kurfürstlicher Geheimrath und Archivdirector; er bewohnte das jetzige Homann'sche Haus, Rheinstraße 6 und 8, und starb, 70 Jahre alt, im Jahre 1773. Die Mutter, Maria Ursula, war eine Cramer von Clauspruch aus Köln. Nachdem unser Hommer den ersten Unterricht von geistlichen Hofmeistern empfangen, kam er in seinem 10. Jahre auf das hiesige, von Jesuiten geleitete Gymnasium. Mit besonderer Liebe verehrte er diese seine Lehrer und namentlich seinen Präceptor Nikolaus Settegast, welcher letztere sich nach Aufhebung der Gesellschaft der Arzneikunde widmete. Unter specieller Leitung dieses Mannes entwickelte Hommer bedeutende Fähigkeiten und erlangte schon mit 16 Jahren die

Reise zum Eintritt in das Diöcesan-Seminar. Er war nämlich schon frühe, der Richtung der Zeit gemäß, zum geistlichen Stande bestimmt worden, und in Folge dessen hatte der Kurfürst dem 8jährigen Knaben eine Präbende an dem Collegiatstifte zu St. Castor verliehen. In dem Seminar verweilte Hommer die Jahre 1776 bis 1778 und bezog dann die Universität Heidelberg, um diejenigen juristischen Kenntnisse sich zu erwerben, welche damals zur etwaigen Bekleidung eines geistlichen Amtes durchaus erforderlich waren. Er blieb daselbst bis zum Schlusse des Jahres 1780 und beschäftigte sich dann, da ihm das canonische Alter zum Empfang der h. Weihen noch fehlte, theils bei seinem mütterlichen Oheim, dem Reichskammergerichts-Assessor von Cramer in Wetzlar, theils bei seinem ältern Bruder, dem Stadtschultheißen von Coblenz, Peter Melchior von Hommer. Da Letzterer dem Scheffen- oder Hochgerichte für das niedere Erzstift vorsaß, hatte unser Hommer Gelegenheit, sich in praktischer Beziehung zu üben. Als er aber im J. 1781 durch den Weihbischof Johann Nikolaus von Hontheim die Diaconatsweihe empfangen hatte, trat er nach einem halbjährigen Aufenthalte zu Paris, welchen er hauptsächlich benutzte, um sich in der französischen Sprache auch praktisch zu üben, sein Canonicat beim Stifte zu St. Castor an. Sein Streben nach Höherem ward durch den Empfang der h. Priesterweihe im J. 1783 erfüllt und ihm auch im J. 1785 durch Uebertragung der Pfarrei Walersheim Gelegenheit zu einer segensreichen Wirksamkeit gegeben. Unmittelbar vor seinem Eintritt in das Pfarr-

amt hatte ihn der Kurfürst Clemens Wenceslaus zum
Assessor und Secretair seines erzbischöflichen Officialats
ernannt; im Jahre 1786 beförderte er ihn zum wirk-
lichen geistlichen Rath und ertheilte ihm als solchem den
Auftrag, an den Verhandlungen des Emser Congresses
Theil zu nehmen und dieselben zu redigiren.

Bald nach der Ankunft der Franzosen hatte Hommer
wegen des von Ludwig dem Frommen der St. Castor-
Kirche geschenkten und von dem General Marceau
eifrigst requirirten, aber über den Rhein geflüchteten
Evangelien-Codex mit dem Brustbilde des Schenkgebers
auf einem werthvollen Onyx eine mehrtägige Haft im
Ochsenthurm zu bestehen. Aus derselben befreite ihn
sein Confrater Milz, wie dies ausführlich zu lesen im
Rheinischen Antiquarius, Abth. II, Bd. 1, S. 38. Er
begab sich darauf auf die rechte Rheinseite, wo er unter
dem ruhigen Landvolke des Westerwaldes mit großem
Eifer dem Seelsorgeramte in der Gemeinde Schöneberg
oblag. Aber seines Bleibens war nicht da, indem der
Kurfürst des Mannes, der frühe schon zum Syndicus
der geistlichen Landstände erwählt worden war, in der
Nähe seines Regierungs-Collegiums bedurfte. Dies
war der Grund seiner Berufung zum Pfarramte in
Ehrenbreitstein, wo er nunmehr die lange Reihe von
22 Jahren hindurch den Segen des Evangeliums
spendete. Noch steht in dortiger Gemeinde sein Andenken in frischer Blüthe. Eine rührende Geschichte,
wie er einer frierenden Familie zu nächtlicher Zeit
selbst Holz zutragen will, von einem Steueraufseher
aber für einen Schmuggler gehalten und verfolgt, dann

aber erkannt und unterſtützt wurde, theilt der Rhein.
Antiquarius, II. Abth., 1. Bd., S. 35, mit.

Im Jahre 1816 ward Hommer, nachdem er eine
Berufung als Rath des rheiniſchen Conſiſtoriums
dankend abgelehnt hatte, vom Trieriſchen Domcapitel
zum Capitular-Vicar der Erzdiöceſe rechter Rheinſeite
bei erledigtem Biſchofsſitze und faſt gleichzeitig von
Papſt Pius VII. zu ſeinem apoſtoliſchen Vicar ernannt. Am 3. Mai 1824 erfolgte ſeine Berufung
zum Biſchof von Trier. In der Bulle »de salute«,
in Folge deren die preußiſchen Biſchofsſitze neu regulirt und beſetzt wurden, fand von Seiten des Papſtes
die Verwaltung ſeines Vicariates eine ſolche lobende
Anerkennung, wie eine ähnliche in derſelben nicht
wieder vorkommt; auffallender Weiſe iſt in der deut-
ſchen Ueberſetzung dieſer Bulle, welche in Berlin verfaßt worden, dieſe Anerkennung übergangen worden.
Hommer ward am 24. Auguſt desſelben Jahres zu
Münſter zum Biſchof geſalbt und trat dann als der
94. in der Reihe der Trieriſchen Biſchöfe ſein Amt
an. Mit der ihm eigenen Umſicht und Ruhe wußte
er dasſelbe zu verwalten und die vielen ſich ihm ent-
gegenſtellenden Schwierigkeiten zu überwinden. Daher
waren denn auch ſeine Erfolge die erfreulichſten und
ſein wahrhaft väterliches Wirken überhaupt ein ſegens-
reiches, wie dies allgemein und ſpeciell durch die
preußiſche Regierung bei Verleihung des rothen Adlerordens III. Klaſſe, durch den König der Niederlande
bei Ernennung zum Commandeur des belgiſchen Löwen-
Ordens anerkannt wurde. Wir heben nur noch hervor,

daß dem verdienten Manne das Erzbisthum Mecheln
mit dem Primat über die Niederlande und später auch
das Erzbisthum Köln angetragen worden: die besten
Bürgen für die richtige Würdigung seiner Fähigkeiten,
seiner Bestrebungen. Dabei war seine Persönlichkeit
die liebenswürdigste: seine Milde und Demuth war
eben so groß wie seine wahrhaft christliche Wohlthätig-
keit, wie seine Pflichttreue und Gottesfurcht. Erwähnen
wir schließlich noch seiner außerordentlichen, aber stets
höchst einfachen Gastfreundlichkeit, die er gegen Alle in
der humansten Weise übte, und wir haben ein kurzes
Bild seines Charakters.

Nachdem der Bischof im Jahre 1834 zum letztenmal seine Vaterstadt besucht hatte, stellten sich langsam
die Beschwerden des Alters ein; seine Kräfte nahmen
stetig ab, und nach einem längern, mit heiterm, gott-
vertrauendem Gemüthe erduldeten Krankenlager ging
er ein zur ewigen Ruhe am 11. November 1836, in
einem Alter von 76 Jahren. Am 14. November ward
die Leiche in der Domkirche, südlich des hohen Chores,
unter dem Zuströmen vieler Tausende beigesetzt.

Joseph von Hommer hinterließ ein Testament, in
welchem er die Bisthums-Kasse der Diöcese Trier unter
der Bedingung zur Erbin einsetzte, daß aus seiner
Verlassenschaft ein Fonds zur Verbesserung armer
Pfarreien der Diöcese gebildet werde, aus welchem die
Zinsen an die Pfarrer dürftiger Gemeinden fließen
sollten. Pfarreien der Regierungsbezirke Coblenz und
Trier sollten abwechseln und auf diese Weise der
Noth derselben möglichst abgeholfen werden. Außerdem

bedachte er namentlich das Seminar zu Trier und
vergaß selbst seine ehemalige Pfarrei Wallersheim, die
jetzige Filiale von Neuendorf, nicht.

Ein gutes Portrait von ihm malte Rambour; eine
Lithographie nach Verflassen ist höchst mittelmäßig.

18.

Johann Aloys Joseph Hügel

ward in Coblenz den 14. November 1753 geboren.
Sein Vater, Matthias, war Hofkammerrath und
General-Einnehmer der weltlichen Stände des Nieder-
Erzstiftes, seine Mutter eine geborne Dötsch. Die
Verhältnisse der Familie waren indeß sehr gedrückt:
der Vater hatte einen Kassenbefect gemacht und mußte
sein Florinsmarkt und Miehlgassenecke Nr. 14 gelegenes
Haus an den Fiscus abgeben; in demselben wurde
darauf längere Zeit die kurtrierische Zahlenlotterie
gezogen. (Späterhin schenkte der Kurfürst dem Sohn
das von dem Hofrath Nell erkaufte, jetzige Rilkens'sche
Haus auf dem Parabeplatz mit seinem Anhange, dem
jetzigen Metzger Schweizer'schen Hause an der Schanzen-
pforte Nr. 1.) Nur durch die Unterstützung eines
Freundes, des Dechanten von Coll, ward es dem
Sohne möglich, das Gymnasium vollständig durchzu-
machen. Fleiß und Ausdauer mußten ihm die Universität ersetzen, und durch den festesten Willen gelang
es ihm auch, sich in der Jurisprudenz so auszubilden,

8 *

daß er im Jahre 1776 unter die Zahl der Advokaten aufgenommen werden konnte. Bald ward er Scheffe und durch die Protection und Verwendung des Ministers von Dominique in schneller Folge Hofkammerrath und Kammersyndicus, dann geheimer Secretair bei dem Minister selbst, Hofrath, geheimer Conferenz-Secretair bei dem Kurfürsten, geheimer Rath, geheimer Staatsrath und Kanzler. Sein Ehrgeiz flüsterte ihm ein, den Minister selbst verdrängen zu können. Desfallsige Schritte zogen ihm aber die Ungnade des Kurfürsten zu. Nach einer andern Angabe soll die Deputation an den General Custine nach Mainz (s. über dieselbe v. Lasaulx) die Ursache der Ungnade des Kurfürsten gewesen sein. Hügel habe nämlich eigentlich dieselbe veranlaßt, sei indeß vom Syndicus v. Lasaulx, der wegen ihr auf dem Ehrenbreitstein saß, nicht verrathen worden. Hügel, der im Jahre 1791 von Kaiser Leopold in den Reichsfreiherrn-Stand erhoben worden war, suchte in Folge dieser Ungnade seines Herrn in östreichische Dienste zu kommen. Dies gelang ihm auf eine höchst erfreuliche Weise, indem er zum Directorial-Minister bei der allgemeinen Reichsversammlung in Regensburg ernannt wurde. Der Kurfürst entließ ihn in Gnaden und ertheilte ihm noch eine Gratification von 1000 Thalern (1793). Hügel hatte in Regensburg neben dem Fürsten Karl Alexander Taxis die Leitung der „höchst ansehnlichen Prinzipal-Commission zu der fürwährend allgemeinen Reichsversammlung!" Schon im Jahre 1794 erhielt der kaiserliche wirkliche geheime Rath von Hügel die Ernennung zum Con-

commiſſarius (2. Commiſſar) in Regensburg und hat
in dieſer bedeutenden Stellung und unter ſehr ſchwie=
rigen Verhältniſſen ſeinem Hofe manches Erſprießliche
geleiſtet, wenngleich auch hier gegen die Unbeſcholten=
heit ſeines Charakters ſich einige Zweifel erhoben haben.
Hierher möchte aber keineswegs die Beſchuldigung der
Doppelzüngigkeit zu rechnen ſein, welche Thiers in
ſeiner histoire du consulat et de l'empire unſerm
Landsmanne macht: denn daß dieſer die Annahme
einer ruſſiſchen Note gegen Rußland, die Verwerfung
derſelben gegen Frankreich zu gleicher Zeit erklärte, iſt
wohl ein ganz gewöhnliches Spiel der Diplomatie!
In Folge der kriegeriſchen Ereigniſſe verließ Hügel im
October 1804 Regensburg und ging nach Wien; trotz=
dem kam er einige Zeit außer Function, ward dann
aber zum Geſandten beim Fürſten Primas und beim
Rheinbunde in Frankfurt a. M. ernannt. Nach der
Leipziger Schlacht übernahm er die Regierung des
Großherzogthums Frankfurt, deſſen Beſtandtheile er
nach und nach an die Staaten, zu denen ſie theils
früher gehörten, theils jetzt kommen ſollten, übergab.
Nach Erledigung dieſes Geſchäftes trat er in den Ruhe=
ſtand, der ihm auch durch öftere Leiden geboten war,
und ſtarb im Jahre 1826.

Verheirathet war Hügel mit der einzigen Tochter
des kurmainziſchen Hofmedici Holthof: er hinterließ
aus dieſer Ehe zwei Söhne, von denen der jüngere,
der berühmte Reiſende Karl Anſelm, in Regensburg
geboren ward und uns daher hier nicht weiter berührt;
der ältere dagegen,

Clemens Wenceslaus,

warb am 29. Juni 1791 in Coblenz geboren. Der
Kurfürst, der große Gönner seines Vaters, hob ihn
aus der Taufe. Clemens besuchte in früher Jugend
Rom und Neapel, studirte dann in Heidelberg und
Göttingen und ergriff im Jahre 1810 die diploma-
tische Laufbahn. Im Jahre 1817 war er unter den
Begleitern der Erzherzogin Leopoldine bei ihrer Braut-
fahrt nach Brasilien. Nach seiner Rückkehr der Ge-
sandtschaft in Madrid attachirt, schrieb er das gute
Werk: „Spanien und die Revolution. Leipzig,
1820." Später kam Hügel als Legationsrath nach
Paris, wo er in seinen Mußestunden hauptsächlich
Naturgeschichte betrieb und viel mit dem berühmten
Cuvier verkehrte. Vom Jahre 1840 als Hofrath in
der Staatskanzlei beschäftigt, also direct unter dem
Fürsten Metternich, als dessen Intimus er überhaupt
häufig bezeichnet ward, hatte er von diesem den spe-
ciellen Auftrag, ihm alle interessante und lesenswerthe
Artikel anzustreichen. Dann gebrauchte ihn der Fürst,
um die bisherige schroffe Stellung zwischen Staats-
männern und Gelehrten auszugleichen, die trennende
Kluft zwischen beiden auszufüllen. Dieser Aufgabe
unterzog er sich mit Eifer und Erfolg. Denn er war
einer der elegantesten Mode- und Lebemänner Wiens:
er zeichnete sich besonders aus durch seine literarischen
Diners, die durch die feinsten Gerichte und Weine
illustrirt wurden. Und er sah jede Woche zweimal
eine ausgewählte Gesellschaft von 12 bis 16 Personen

bei sich, für welche ihm reichliche Tafelgelder flossen. Im Jahre 1846 ward er zum Director des geheimen Hausarchivs ernannt; diese Stellung behauptete er bis zu den Stürmen des Jahres 1848, während welchem er nach Schlesien zu seiner Schwester Fanny, verheirathete Gräfin Anton Harbenberg, flüchtete, wo er bald darauf (1849) mit verdüsterter Seele und zerrüttetem Körper starb.

19.

Justinus Confluentinus,

ein berühmter Prediger und Gelehrter des Kapuziner=Ordens, Guardian und Lector, starb im kräftigsten Mannesalter zu Mainz den 9. Januar 1703.

20.

Heinrich Kalteisen, Kalthysen,

Doctor und Professor an der Universität zu Köln, ward im Jahre 1452, auf Empfehlung des Cardinals Nikolaus von Cues, Erzbischof von Drontheim in Norwegen. Hier wirkte er mit vielem Eifer und Geschick, kehrte aber späterhin wieder in seine Vater= stadt Coblenz zurück, wo er am 2. October 1465 starb. Er gehörte dem Dominicaner=Orden an und ward auch in der Kirche dieses Klosters beigesetzt.

Sein Grabstein trug die Inschrift: A. MCCCCLXV
II die mensis Oct. obiit reverendus in Christo
pater et dominus D. Henricus Kalthysen, ord.
praed. Ss. theol. prof. egregius quondam lector
sacri palatii, haereticae pravitatis inquisitor et
sacrae crucis praedicator, archiepus. Nydrosiensis
(Drontheim) et Caesareensis. Letztern Bischofstitel
führte er in partibus infidelium. In der Bibliothek
des hiesigen Gymnasiums finden sich mehrere Hand=
schriften von ihm. Es erscheint zweifelhaft, ob der
Name Kalteisen sich in den, noch in unserer Stadt
vorkommenden Namen Kaltenhäuser umgewandelt hat,
wie dies Einige annehmen.

21.

Andreas Kettwig,

ein geborner Coblenzer, war Karmeliter=Mönch, Doctor
und Professor der Theologie, Decan der Universität Köln,
starb 1477. Er schrieb Sermones per annum libros
tres u. A. m. (Hartzheim, Biblioth. Colon. p. 17.)

22.

Johannes Kramprich

ward im Jahre 1620 in Coblenz geboren. Sein
Vater war der Schöffe und Bürgermeister Maximilian

Kramprich, der, als er sich den Angriffen des Kurfürsten Philipp Christoph auf die alte Verfassung der
Stadt, der beabsichtigten neuen Besteuerung ꝛc. kräftig
widersetzte, nicht nur seines Amtes enthoben wurde,
sondern auch mit Einquartierung von 5, 6 und mehr
Soldaten belastet und mit Arretirung seiner Person,
Hab und Güter bedroht wurde. So mußte er endlich
von Haus und Hof weichen; er ging nach Luxemburg
und kehrte erst nach Jahren zurück. Von seinem Sohne
Johann wissen wir nur Weniges. Er kam frühzeitig
an den Hof zu Wien und stand dort in näherer Beziehung zum Fürsten Gonzaga. Dieser war Obrist-
hofmeister der verwittweten Kaiserin Eleonore, Feldmarschall und Präsident des Hofkriegsraths, also ein
Mann von Bedeutung für unsern Landsmann. Nachdem letzterer einige kleinere diplomatische Missionen
glücklich beendet und den jungen Fürsten Gonzaga auf
einer größern Reise begleitet hatte, ward er kaiserlicher
Gesandter bei den General-Staaten im Haag. Hier blieb
er 37 Jahre lang bis zu seinem am 11. April 1693
erfolgten Tode. Mit dem Prädicat von Cronefeld war
er in den Adelstand erhoben worden. Er wurde in der
Kirche zu U. L. Fr. hierselbst begraben, und trägt sein
stattliches Denkmal aus Marmor folgende Inschrift:

D. O. M.

HoCCe saCeLLVM pro CorporIs sVI reqVIe atqVe
resVrreCtIone In VIVIs eLegIt Illᵐᵘˢ et Revᵐᵘˢ
D. D. Ioannes Cramprich de Cronefeld Confluentinus, Sac. Rom. Imp. & Ord. SS. Mauritii et
Lazari Eques, Sac. Caes. Maj. Consiliarius apud

PP. foederati Belgii Ordines ad ann. XXXVII
Residens Legatus, et Plenipotentiarius longe Ex-
cellentissimus. Raris naturae et gratiae donis studio,
virtute, et experientia mirifice excultis Clarissimus,
Illisque Ecclesiae, Imperio, ac bono publico prae-
clare jugiter impensis, Celeberrimus Religionis
Catholicae publicus cultor et propugnator semper
ferventissimus, Afflictorum et pauperum consolator
et Patronus verbo et opere dulcissimus ac libera-
lissimus etc. Multorum cum moerore Hagae Comitis
An. MDCLXXXXIII. Aprilis XI. Aetat. LXXIII.
gloriose ac pientissime defunctus.
AnIMa eIVs eXpVrgata LVCe et reqVIe gaVDeat
perpetVa
QVI LegIs Ista VIator DIC aMen et Ita VIVe
Vt VIVas.
Huic praecellentissimo familiae suae columini ac
honoratissimo suo D. patruo debitae observantiae
et gratitudinis ergo moesti haeredes Cramprich de
Cronefeld etc. etc. hoc monumentum posuerunt.

Da er hiernach ein Alter von 73 Jahren erreicht
hatte, die Grabschrift auch mit der größten Sorgfalt
verfaßt worden ist, wofür schon die breimalige Anbringung der Jahreszahl in Form eines Chronostichens
spricht, und daher alle nur denkbare Zuverlässigkeit
bietet, muß das Jahr 1620 das Jahr seiner Geburt
gewesen sein. Wir finden indeß in dem Kirchenbuch
von U. L. Fr. in diesem Jahr keinen Sohn des Bürgermeisters Kramprich eingetragen, wohl aber in dem
Jahre 1617 (18. Juli) einen solchen mit dem Namen

Peter Johann und in dem Jahre 1622 (30. Juni) einen zweiten mit dem alleinigen Namen Johann. Diesen Tag der Geburt nimmt der Rheinische Antiquarius an: es bleibe der Entscheidung des kritischen Lesers überlassen, ob er sich für diese Autorität oder für jene des todten Marmors entscheiden will; nach unserer Ansicht fällt indeß letzterer unstreitig schwerer ins Gewicht. Der Verfasser des in Nr. 131 der Coblenzer Zeitung vom Jahre 1863 enthaltenen Aufsatzes über die Liebfrauenkirche hält das Brustbild in weißem Marmor auf dem Grabdenkmal für das Portrait des Bürgermeisters Maximilian Krampich, für welche Annahme sich indeß nicht der kleinste Anhaltspunkt findet: es ist unbedenklich jenes des Gesandten. Vehse in seiner Geschichte des östreichischen Hofes, Bd. VI, pag. 102, sagt Folgendes über ihn: „Als kaiserlicher Resident und Envoyé erscheint 1683, in dem Jahre, wo das Haager Concert zu Stande kam, Baron von Krampricht, der nachher nach Konstantinopel geschickt ward und 1693 im Haag starb." Vehse irrt mit der Gesandtschaft nach Konstantinopel: Krampich blieb ruhig im Haag. In der Bibliothek der Stadt Coblenz findet sich eine Reihe von Nürnberger Kalendern, in welchen unser Krampich seine Correspondenz notirt hat und mitunter auch die eine oder andere Notiz einflocht. Eine größere Zahl der letzteren habe ich in dem „Anzeiger für Kunde der deutschen Vorzeit", Nürnberg 1865, Bd. 12, Nr. 4, 5 und 6, mitgetheilt, worauf zu verweisen ich mir erlaube.

23.

Lambert Joseph Krezzer

warb geboren in Coblenz den 14. Juli 1770. Nachdem er das Gymnasium absolvirt, studirte er auf der
Universität Mainz Rechtswissenschaft und kehrte 1791
nach Beendigung seiner Studien nach Coblenz zurück.
Da nach kurfürstlicher Verordnung Niemand auf ein
öffentliches Amt Anspruch machen konnte, er habe denn
vorher dem Advokaten-Stande angehört, trat Krezzer
in die Schreibstube des Hofgerichts-Schöffen Müller
ein und blieb ein Jahr in derselben. Mit dem Jahre
1792 brach der Reichskrieg aus; der Prinz von
Sachsen-Coburg wurde zum Reichsfeldmarschall ernannt
und ihm Herr v. Bleul (s. o.) von dem Reichs-Vice-
kanzler zur Führung der Geschäfte beigegeben. Herr
v. Bleul, der Krezzer von Jugend auf kannte, machte
ihm den Vorschlag, ihn zur Armee zu begleiten;
Krezzer nahm das Anerbieten als ein Mittel zu seiner
fernern Ausbildung an und ging 1793 zu der in den
Niederlanden stehenden Armee. Hier hatte derselbe
manche Arbeit und Beschwerde zu bekämpfen, erhielt
aber auch bald das Patent als Concipist der Reichs-
kriegskanzlei. Später kam das Reichs-Armee-Com-
mando in die Hände des Erzherzogs Karl, und Krezzer
blieb stets bei dem Gros der Armee in dessen Nähe,
und nur im Jahre 1795 wurde er dem außerordentlichen Minister Grafen von Sickingen auf einer Ge-
schäftsreise an die Höfe des südlichen Deutschlands

beigegeben. Im Jahre 1798 bekam er auf wieder=
holtes Ansuchen einen ehrenvollen Abschied und ver=
ließ, mit einem Empfehlungsschreiben des Erzherzogs
an den Kurfürsten versehen, den k. k. Dienst.

Krezzer, in seine Vaterstadt zurückgekehrt, suchte
kein Amt, sondern wählte wieder den freien Advokaten=
stand. Indeß ward er schon nach einem halben Jahre
zum Präsidenten bei der Municipalität ernannt. Es
war dies ein Amt, welches zwar kein Einkommen,
aber viele Mühe und Verantwortlichkeit brachte; so
mußte z. B. das Einquartierungswesen regulirt und
ohne Nebenrücksichten durchgesetzt werden. Dies und
hinzutretende anderweitige Zwistigkeiten veranlaßten
bald ernsthafte Discussionen zwischen der Municipa=
lität und den Militair=Behörden, und da erstere
nicht nachgab, wurde ein bei dem commandirenden
General Ney beantragter Belagerungsstand für die
Stadt Coblenz wirklich verfügt; die Municipalität
wurde suspendirt, und General Leval ließ unsern
Krezzer, der sich mit noch drei Deputirten, Görres,
G. Linz und Vitzthum, zur Beschwerdeführung bei dem
General=Gouverneur nach Mainz begeben wollte, mit
seinen Collegen arretiren und festsetzen. Dies Verfahren
wurde indeß mißbilligt und die Deputation endlich
wieder ihrer Haft entlassen. Da auch zur selben Zeit
grade die Nachricht von dem Sturze des Directoriums
eintraf, verschlang dieses wichtige Ereigniß den kleinen
Streit, und die Geschichte blieb um so mehr auf sich
beruhen, als Municipalität und Präsidentschaft ihr
Ende gefunden hatten. (Alles dieses, und wie es

ihnen während der Haft erging, wie der Belagerungs=
zustand aufgehoben, sie in Freiheit gesetzt und bei dieser
Gelegenheit von Bürger Anschütz mit seinem „Hoch
wehen die Fahnen der Freiheit am Rhein!" begrüßt
wurden, erzählt ganz vortrefflich und höchst ergötzlich
der „Rheinische Antiquarius" unter dem romantischen
Titel: „Leibstuhl und Schwert", II. Abth. 2. Bd.)

Krezzer setzte seine Advokatur fort und erwarb sich
dabei eine solche Anerkennung, daß er gleich nach dem
Uebergange der verbündeten Heere über den Rhein eine
Rathsstelle bei dem unter Leitung des geheimen Staats=
raths Gruner stehenden General = Gouvernement des
Mittelrheins erhielt. Als solcher ward er im Jahre
1815 nach Paris gesendet und dort der Commission
für die Ausgleichung der preußischen Kriegsforderungen
an Frankreich beigegeben. Hier blieb er bis zum
Jahre 1819 und folgte dann der Commission nach
Berlin, wo er, zum geheimen Ober=Revisionsrath er=
nannt, die Geschäfte derselben zum Schlusse führte.
Als im Jahre 1821 der rheinische Appellhof in Köln
errichtet wurde, suchte Krezzer eine Rathsstelle bei
demselben nach; seinem Wunsche wurde nicht nur ent=
sprochen, sondern er auch schon nach wenigen Jahren
zum Senats=Präsidenten befördert. In dieser Stel=
lung feierte er sein 50=, ja sogar sein 60jähriges
Dienstjubiläum, und erst im Jahre 1857 veranlaßten
ihn die Beschwerden des Alters, sie aufzugeben. Aus=
gezeichnet durch den rothen Adlerorden 2. Klasse mit
Stern und Brillanten, ausgezeichnet durch die fort=
dauernde Liebe und Hochachtung seiner Freunde und

Collegen, starb Krezzer in dem hohen Alter von 94½ Jahren am 9. Januar 1865. Er gehörte nicht nur zu den Gründern des Casino's unserer Stadt, sondern hat auch die noch heute geltenden Statuten desselben entworfen.

24.

Georg Joseph Christoph Lang

(er selbst schrieb sich Joseph Gregor) war geboren in Coblenz den 18. October 1755. Sein Vater, Peter Lang, war Führer (decurio) im Regimente und Jäger bei dem General von Hohenfeld. Des Vaters Verhältniß zum Hohenfeld'schen Hause scheint für seine Studien von Wichtigkeit gewesen zu sein, denn auch seine erste öffentliche und geistliche Wirksamkeit fand in der von der Familie Hohenfeld gestifteten ehemaligen St. Michaelscapelle statt, in welcher er den Gottesdienst besorgte und die Soldatenschule hielt. Durch des Ministers von Hohenfeld Gunst erhielt er zugleich eine Stelle an der Normalschule und lehrte in derselben deutsche Sprache, Schönschreiben und Landwirthschaft. In der Revolutionszeit ging die Normalschule ein, und Lang sah sich genöthigt, seinen Unterhalt durch Uebernahme von Hauslehrerstellen, z. B. in der Familie von Hontheim hierselbst, zu suchen.

In dieser Zeit fand Lang Zutritt zu mehreren öffentlichen Bibliotheken, namentlich jener auf der

Karthause, denen er seine bibliographischen Kenntnisse
und den größten und wichtigsten Theil seiner eigenen
Bibliothek verdankte. Seine Liebhaberei beschränkte
sich nicht auf ein einzelnes Fach oder eine bestimmte
Klasse von Büchern: er sammelte Alles, was ihm
bibliographisch wichtig schien. Nach dem Concordat von
1802 wurde er als Succursal-Pfarrer nach Neuendorf versetzt und späterhin auch zum Schulinspector
ernannt. In seinem Testamente vom 24. October
1833 hatte er seiner Vaterstadt den größten Theil
seiner Bibliothek und seine Gemäldesammlung nebst
einem Capital von 2000 Thalern zur Erhaltung resp.
Vermehrung der letztern vermacht. Er starb den 24.
October 1834, betrauert von Allen, die dem seinen,
liebenswürdigen Mann näher standen.

Lang war der Erste, der nach dem alten Rheinischen Antiquarius eine Rhein-Reise herausgab; sie
führte den Titel: „Reise auf dem Rheine von Mainz
bis Düsseldorf." Auf Kosten des Verfassers in Commission der Himmen'schen Buchhandlung in Coblenz,
I. Bd. 1789, II. Bd. 1790; letzterer wurde von dem
Antiquar Heberle, unter dem neugedruckten Titel:
„Reise auf dem Rhein von Andernach bis Düsseldorf,
eine historisch-statistisch-geographische Beschreibung dieser
reizenden Gegenden ꝛc.", Köln s. a., nochmals in den
Handel gebracht. Die zweite Auflage erschien bei
Gehra im Thal Ehrenbreitstein 1805. Sie ist mit
deutschen Lettern gedruckt, trotzdem rechtfertigt sich der
Verfasser, daß er lateinische Lettern zum Drucke ge-
nommen! Die Kupfer der ersten Ausgabe fehlen,

und nur die Karte ist beigefügt. Eine dritte Auflage erschien endlich 1818 bei Varrentrapp in Frankfurt. Eine Recension der ersten Auflage findet sich im Rheinischen Antiquarius, der im Uebrigen unsern Lang ganz übergeht: sie ist so originell, daß trotz ihrer Schärfe auf sie aufmerksam zu machen wohl gestattet sein dürfte, während auf der andern Seite die Pietät gegen den unserer Stadt so wohlgesinnten Schenkgeber entschuldigen mag, wenn ein näheres Citat der höchst sonderbar eingeschalteten Kritik nicht gegeben wird.

25.

Die Familie de Lasaulx.

Die de Lasaulx stammen aus Lothringen: Louis de Lasaulx ward im Jahre 1611 von Herzog Heinrich von Lothringen nobilitirt. Später kam die Familie nach dem Luxemburgischen, wo sie das Haus Bergh bei Remich besaß. Dieses Haus war noch im Jahre 1784 in ihrem Besitz.

Claudius de Lasaulx,

früherhin Amtmann in Zell, dann kurtrierischer geheimer Rath und Mitglied des Regierungs-Collegii, war der erste dieser Familie, welcher in Coblenz seinen Wohnsitz genommen. Er starb 1791 mit Hinterlassung von 3 Söhnen, nämlich:

Karl.

Derselbe studirte Theologie, ward späterhin Canonicus im Stift zu Carden und Accessist des erzbischöflichen Officialats in Coblenz, wo er auch im
Jahre 1816 im Alter von 56 Jahren starb. Er war
Verfasser der Schrift: „Uebereinstimmung der franz.
Ehetrennungs-Gesetze mit Gottes Wort und dem Geiste
der katholischen Kirche. Coblenz 1816.“

Johann Adam,

der ältere Sohn des Claudius de Lasaulx, studirte
in den Jahren 1772 bis 1774 in Mainz, Trier
und Göttingen, ward 1777 Hofrath in Salm-Kir-
burg'schen Diensten, dann 1780 kaiserlicher Legations-
Secretair beim Grafen Metternich und endlich 1789
Hof- und Regierungs-Rath in Coblenz. Sein Vater
fungirte im Jahre 1790 als ältestes, er als jüng-
stes gelehrtes Mitglied der Landes-Regierung. In
den ersten Jahren der französischen Occupation begründete er eine Buchdruckerei in hiesiger Stadt, welche
er im Jahre 1806 seinem Schwiegersohn L. Pauly
übertrug, indem er wieder richterlicher Beamter geworden. Leider besaßen Beide nicht die Fähigkeiten,
ein solches, den Bedürfnissen der Stadt so sehr ent-
sprechendes Unternehmen zu leiten, doch sind manche
gute Schriften aus der Officin hervorgegangen, z. B.
die von dem Begründer selbst geschriebene Geschichte
von Lützel-Coblenz im Jahre 1803, bei welcher Gelegenheit Lasaulx als Richter am peinlichen Gericht

des Rhein- und Mosel-Departements erscheint, das
Handbuch für die Bewohner des Rhein- und Mosel-
Departements vom Jahr 1812 (die Jahrgänge von
1808, 9 und 10 erschienen bei Heriot, 1811 ist nicht
erschienen), Günthers Geschichte der Stadt Coblenz
(1813), v. Strambergs Beschreibung des Cantons
Rheinbach (1816, jetzt so selten, daß Exemplare mit
3 Thlr. bezahlt werden), der „Rheinische Merkur"
u. A. m. Johann Adam de Lasaulx beschäftigte sich
viel mit archivalischen Studien, stand auch einige Jahre
dem Archiv vor, und während dieser Zeit schrieb er
nicht nur eine große Zahl von Urkunden ab, von
denen manche nur noch in diesen Abschriften im Archiv
vorhanden sind, sondern er hatte auch das Verdienst,
den spätern Archivar W. A. Günther in dasselbe zu
ziehen. Wegen schlechter Besoldung dieser Stellung
wandte er sich aber wieder der Justiz zu, und nachdem
er noch mehrere Jahre als Friedensrichter in Coblenz
fungirt hatte, ward er 1810 Richter am Criminal-
Appellhofe zu Trier, wo er am 13. April 1813 starb.
Er hatte außer seiner an Pauly verheiratheten, früh
verstorbenen Tochter Elisabeth eine zweite, Katharina,
die Gattin von Joseph Görres, und einen Sohn:

Franz,

welcher in Coblenz den 21. Juli 1781 geboren ward.
Derselbe zeichnete sich frühzeitig durch bedeutende Talente aus, so daß er schon im jugendlichen Alter
als Secretair auf der Municipalität arbeitete, dabei
aber so emsig Jurisprudenz studirte, daß er schon im

Jahre 1802 als Advokat auftreten konnte. Sehr be=
deutend wirkte er in dieser Stellung, und so ward er
im Jahre 1806 als Professor an der neu errichteten
Rechtsschule hierselbst ernannt. Schon früher schrift=
stellerisch thätig, gab er nun eine Reihe von juristi=
schen Schriften heraus, die alle mit großem Beifall
aufgenommen wurden und zum Verständniß der Gesetz=
gebung Napoleons in unsern Landen sehr viel bei=
trugen. Wir nennen nur seine »Introduction à
l'étude du Code Napoleon, Par. 1812,« und „Das
französische Notariat, Coblenz 1813." Bei dem Ab=
zuge der Franzosen folgte er ihnen nach Frankreich
und setzte an der Juristen=Facultät zu Nancy seine
Lehrthätigkeit fort. Dort starb er am 2. April 1818.
Noch heute wird sein Name im Gebiete der Wissen=
schaft ehrenvoll genannt. Er war mit Benedicte Corbach
aus Coblenz verheirathet und hinterließ drei Töchter
sowie einen Sohn, der als Ingenieur frühe starb.

Der dritte Sohn des geheimen Raths Claudius
de Lasaulx war

Peter Ernst,

geboren zu Coblenz den 26. Juni 1757. Er widmete
sich der juristischen Laufbahn und ward Advokat in Cob=
lenz, dann auch kurfürstlicher Hofrath und landschaft=
licher Syndicus. Unangenehme Berühmtheit erlangte er
dadurch, daß er auf Beschluß der landschaftlichen Stände
zum General Custine nach Mainz reiste, um demselben
ein Exposé über die Lage der Stadt zu überreichen,
namentlich aber auch um von ihm zu erfahren, welche

Summe er, im Falle einer Occupation von Coblenz, verlange, auf daß Stadt und Landschaft vor Plünderung und Zerstörung bewahrt werde. Er hatte die Reise in Begleitung des Hof=Gerichtsschöffen Haan und des Bürgers Chenal ausgeführt. Die Deputation reiste am 24. October 1792 von Coblenz ab und blieb bis zum 30. October in Mainz, von wo aus sich dieselbe über Limburg nach Coblenz zurückbegeben wollte. Chenal war bei seiner Rückkehr in Coblenz durch die inzwischen eingerückten Preußen arretirt worden, weßhalb de Lasaulx und Haan sich von Limburg nach Wetzlar begaben, von wo aus sie bis zum 4. Januar 1793 wegen ungehinderter Rückkehr unterhandelten. Am 16. Januar kehrten die Reisenden nach Coblenz zurück, wurden aber bereits am folgenden Tage arretirt und auf dem Ehrenbreitstein in Haft gehalten. Es begann nun ein langwieriger Prozeß bei dem Reichskammergericht, welcher nicht zu Ende geführt wurde. Am 7. Januar 1801 erfolgte von Dresden, wohin sich der Kurfürst begeben, ein Rescript desselben, worin erklärt wird, daß der 2c. Lasaulx bei der Reise nach Mainz nach Ausweis der Akten keine andere Absicht gehabt, als durch zweckmäßige Vorstellungen Unglücksfälle von dem bedrohten trierischen Lande abzuwenden, und mithin die Beschuldigungen, welche man aufgestellt habe, unbegründet seien. Der Kurfürst hebt die Untersuchungssache auf und spricht Höchstseine Zufriedenheit aus, und soll 2c. Lasaulx seine Functionen wieder übernehmen. Der Kurfürst versichert den 2c. Lasaulx Höchstseiner Huld und Gnaden und verspricht wegen ungerecht erlittener

Beschuldigungen, gekränkter Ehre und eingebüßten Vermögens weitere Entschädigung. — Im Rheinischen Antiquarius, II. Abth. 2. Bd., ist angegeben: „Der Syndicus war von dem Kurfürsten zum Amtmann in Ehrenbreitstein ernannt worden, im Gefolge einer Transaction, worin er auf jede fernere Entschädigung für eine den gesetzlichen Formen zuwider erlittene Verfolgung verzichtet."

Im Jahre 1787 hatte Peter Ernst für sich das jetzige Dietz'sche Haus am Clemensplatz gebaut, und durch Ankauf ward er Besitzer der Burg Lahneck und des Arnsteiner Hofes zu Niederlahnstein. Letzterer war ein Lehen der Weilburger Hofkammer, und die nicht unbedeutende Lehenpacht löste erst der spätere Besitzer, Amtmann Peter de Lasaulx, ab. Hier starb er den 6. Mai 1809, aus seiner ersten Ehe mit Anna Welter drei Töchter hinterlassend, von denen eine, Christine, die Gattin des Herrn Justizraths Longard ward, die zweite, Elisabeth, als die Wittwe des geheimen Regierungs- und Bauraths Umpfenbach in Düsseldorf, sowie die dritte, Amalia, verehelichte Hauptmann Mohr, in Wien wohnt, und zwei Söhne: Adam, der durch seine humoristische Begabung in fröhlichem Andenken stehende königliche Oberförster in Adenau, wo er im Alter von 59 Jahren 1844 starb, und Johann Claudius, auf den wir gleich zurückkommen werden. Aus zweiter Ehe mit Jacobine Bartel hinterließ Peter Ernst noch einen Sohn, Peter, Amtmann zu Dierdorf, welcher im Alter von 56 Jahren 1860 hier starb. Des Peter Ernst Sohn

Johann **Claudius**

ward zu Coblenz den 27. März 1781 geboren. Er
studirte in Würzburg Medizin, übernahm indeß bei
seiner Rückkehr nach Coblenz eine Essigsiederei und
arbeitete viel in der Fink-Schaaffhausen'schen Blech=
fabrik, in welcher er sich besonders mit der Drechs=
lerei beschäftigte. Durch Zufall ward ihm im Jahre
1812 die Stelle eines Landbaumeisters angetragen,
die er annahm und sich nun rasch in dem Bau=
fache so ausbildete, daß er im Jahre 1816 von der
preußischen Regierung zum Bau-Inspector ernannt
werden konnte. In seinen Bauten entwickelte er eine
gewisse Genialität, und seine Treppen= und Gewölbe=
Constructionen sind auffallend und beachtenswerth.
Außerdem liebte er durch Wechsel des Baumaterials
den Façaden eigenthümliche Zierden zu geben: sein
sogenanntes „Landwehrkreuz" fehlt wohl an keinem
seiner Bauten, an denen dessen Anbringung nur ent=
fernt möglich war. Er ist der Erbauer der Burg
Rheineck, der Kirchen zu Nickenich, Treis, Güls, Cobern,
Ernst, Boos, Walwig, Weißenthurm, Capellen, Wald=
esch, Oberlützingen und Wolkesfeld — also nach ihrer
Größe aufgeführt. In hiesiger Stadt baute er u. a.
das Haus des Herrn Schurz in der Schloßstraße, das
von ihm bis zu seinem Tode bewohnte Haus in der=
selben Straße, jetzt Eigenthum des Herrn Pip, das
Schulhaus und das Pfarrhaus zu St. Castor. Der
Versammlung der Architecten in Mainz überreichte er
seine „Bausteine" (Coblenz 1847, 4.), wie er denn

überhaupt liebte, über seine einzelnen Bauten kleine lithographirte Pläne mit Grundriß, Profilen ꝛc. anfertigen zu lassen und seinen Freunden zu schenken. Außerdem gab er heraus: Beschreibung einer neuen Art Mosaik aus Backsteinen, Coblenz 1839, und lieferte Beiträge zu Zeitschriften oder andern Büchern, z. B. zu Kleins Rheinreise. Er war Mitglied des Royal Institut of British Architects in London, des Comité royal des arts et monuments in Paris und anderer Gesellschaften des In= und Auslandes. Er starb, 67 Jahre alt, am 14. October 1848 nach kurzem Krankenlager, 6 Kinder hinterlassend, von denen die drei Töchter in geistliche Orden traten, zwei Söhne sich dem Baufache widmeten, der älteste aber,

Peter Ernst,

besonders hervorzuheben ist. Derselbe ward den 16. März 1805 in unserer Stadt geboren, studirte von 1824 bis 30 zu Bonn und München Philologie und Philosophie, machte dann größere Reisen und hielt sich namentlich in Wien, Rom und Athen längere Zeit auf. Nach seiner Rückkehr ward er 1835 Professor der Philologie in Würzburg und blieb dort, bis er im Jahre 1844 in gleicher Eigenschaft nach München berufen ward. Obgleich seine Vorlesungen sich einer bedeutenden Theilnahme der Studirenden zu erfreuen hatten, ward er wegen seines politischen Verhaltens bei der Entlassung des Ministeriums Abel im Jahre 1847 seines Amtes enthoben und konnte daher im Jahre 1848 einer Wahl für die deutsche National=Versammlung Folge leisten.

Hier stimmte er in kirchlichen Fragen mit der streng katholischen, in politischen mit der sogenannten groß=deutschen Partei. Im März 1849 erhielt er seine Professur wieder und ward auch in demselben Jahre Mitglied der bayerischen Kammer. Lasaulx schrieb eine Reihe von Abhandlungen über Gegenstände des klas=sischen Alterthums, die sämmtlich von Bedeutung und höherm Werthe sind. Wir nennen seine Dissertation »de mortis dominatu in veteres«, München 1835, „Das Pelasgische Orakel des Zeus,“ Würzburg 1840, „Ueber den Sinn der Oedipus=Sage,“ 1841, „Ueber die Gebete der Griechen und Römer,“ 1842, „Ueber die theologische Grundlage aller philosophischen Systeme,“ München 1856, u. A. m. bis zu seinem letzten Werke: „Die Philosophie der schönen Künste,“ München 1860. Alle diese Werke haben eine katholisch=kirchliche Basis, wie er denn überhaupt stets und überall die sogenannte ultramontane Partei nicht ohne eine gewisse Leidenschaft vertrat. Dieser Richtung folgte er auch in der baye=rischen Kammer, und wenn auch hier oft heftig be=kämpft, so war doch weit schmerzlicher für ihn, daß einige (4) seiner Werke, als gegen die Reinheit der Kirchenlehre verstoßend, von Rom aus verboten wurden. Er unterwarf sich freiwillig dem Richterspruche der Kirche, wie er denn überhaupt einen äußerst humanen und liebenswürdigen Charakter hatte, der sich selbst in den heftigsten Parteikämpfen nicht verleugnete und ihn namentlich der Jugend lieb und werth machte. Sein allzugroßer Eifer in Behauptung seiner hervorragenden Rolle in der Kammer führte indeß wahrscheinlich seinen

Tod herbei, da er nach einer heftigen Debatte erkrankte und nach kurzem Krankenlager am 10. Mai 1861 starb. Er war vermählt mit Julie von Baber und hinterließ eine Tochter: Anna.

26.

Peter Joseph von Lindpaintner

ward zu Coblenz den 9. Dezember 1791 geboren, und zwar in dem Hause Nr. 4 der Castorpfaffengasse. Sein Vater war Tenorist an der kurfürstlichen Kapelle, nebenbei aber auch Kammerdiener des Kurfürsten Clemens Wenceslaus. Als dieser vor den Franzosen flüchtete, folgte ihm Lindpaintner nach Augsburg, und hier besuchte sein Sohn Peter Joseph das Gymnasium bis zu seinem 16. Jahre. Sein großes Talent zur Musik veranlaßte den Kurfürsten, ihn dann nach München zu senden, wo er sich unter Winters Leitung in dieser Kunst weiter ausbilden sollte. Hier schrieb er seine erste Oper Demophoon, die 1811 zur Aufführung kam. Der im folgenden Jahre eingetretene Tod des Kurfürsten veranlaßte Lindpaintner, die Stelle eines Musikdirektors am Isarthor-Theater anzunehmen; er unterließ aber nicht, seine Studien unter Graz fortzusetzen. Im Jahre 1819 erhielt er den Ruf als Hofkapellmeister nach Stuttgart, in welcher Stellung er bis an sein Lebensende verblieb.

Lindpaintner war ein ebenso gewandter Musiker und besonders vorzüglicher Orchesterdirigent, als frucht-

barer Componist. Er schrieb eine große Anzahl In-
strumentalwerke, welche sich alle durch ausgebildete,
gerundete Form und durch reizvolle Instrumentirung
auszeichnen. Hier sind namentlich zu nennen seine
große Fest=Ouverture für das Musikfest zu Halle im
J. 1835, die Faust=Ouverture, die Concertstücke für
Clarinette 2c., die beiden concertirenden Symphonien
für fünf Blasinstrumente. Die eigentlich polyphone,
strenge Symphonie und die verschiedenen Gattungen
und Formen der Kammermusik pflegte er in richtiger
Erkenntniß seiner Natur und Begabung weniger.

Von seinen zahlreichen, in der deutschen Spohr=
Weber'schen Art behandelten Opern gewann „Der
Vampyr", lange Zeit eine Lieblingsoper des Wiener
Publikums, allgemeine Geltung. Von andern Opern
verdienen erwähnt zu werden: „Die Genueserin",
„Die Sicilianische Vesper" und „Der Lichtensteiner",
welche in Stuttgart, Wien, Hannover und andern
Orten mit Beifall aufgeführt worden sind. Leider
hatten, wie bei den meisten unserer neuen Opern, die
Texte zu geringen dramatischen Werth, zu weniges
scenisches Leben, als daß die musikalischer Seits verdiente Anerkennung hätte nachhalten können. Weitere
Verbreitung fanden Lindpaintners Ballette „Aglaja",
„Zephir" und „Rose", „Zeila" und besonders „Jocco",
eine für ihre Art vortreffliche Composition, voll reicher
Melodie und pikanter, graziöser Rhythmen. Von Lindpaintners Melodramen nennen wir die Musik zu Schil-
lers „Lied von der Glocke", weniger sie besonders zu
preisen, als um zu erinnern, daß sie — weil eben

9 *

rein instrumental, die Declamation begleitend, also dem Texte untergeordnet — nicht etwa mit der populär gesangreichen Andreas Romberg'schen Cantate in unbilligen Vergleich gebracht werde.

Lindpaintners Lieder dürfen noch immer zu den besseren gerechnet werden: nicht arienhaft durchcomponirt, noch auch trocken declamirt, nicht geistreich angestrichen und salonmäßig gespreizt und gekünstelt, nein, ganz einfach und natürlich für Mädchen und Jüngling aus vollem, frischem Herzen gesungen. Wir nennen nur das anmuthige, innige Frühlingslied: „Regst du, o Lenz", die Roland-Romanze „O Morgenluft" und die allbekannte Fahnenwacht: „Der Sänger hält", op. 114.

Mit besonderm Lobe ist noch hervorzuheben Lindpaintners Instrumentation zu dem Händel'schen Oratorium „Israel in Aegypten", eine für ihre Zeit sehr verdiente Arbeit. Dann hatte er es unternommen, das (von Mendelssohn zuhöchst gestellte) großartige Werk Händels durch Kürzung und vollere Instrumentirung dem modernen Zeit- und Kunstgeschmack zu vermitteln. Hatten ja schon im vorigen Jahrhundert Mozart und nach ihm Mosel das Bedürfniß erkannt, der mit dem Ausfall der Orgel höchst dürftigen Händel'schen Instrumentation einige Nachhülfe, namentlich in Bezug auf Colorit, zu verleihen. In Lindpaintners Bearbeitung hat denn auch das genannte Händel'sche Oratorium noch bei den neuesten Festaufführungen zu Mainz (1860) und München (1863) den durchgreifendsten Erfolg gewonnen. Von Lindpaintners eigenen

Oratorien kam zu wiederholter Aufführung „Der Jüngling von Naim". Es ist einfach und sangbar, in
würdigem Style gehalten und besonders mit schönen,
erhebenden Chören ausgestattet.

Lindpaintner ward im Jahre 1849 ordentliches
Mitglied der Berliner Akademie. 1850 dirigirte er
das rheinische Musikfest und 1852 die philharmonischen
Concerte in London. Den persönlichen Adel erhielt
er gleichzeitig mit dem Orden der würtembergischen
Krone. Er starb in Stuttgart am 22. August 1856.

<hr />

27.

Johann Nepomuk Longard.

Geboren in Coblenz den 8. October 1790 widmete
er sich der juristischen Laufbahn, besuchte namentlich
die hiesige Rechtsschule, auf welcher er sich auch die
Doctorwürde erwarb, und trat schon 1811 in die Reihe
der hiesigen Advokaten. Als solchem war ihm gegönnt,
am 31. October 1861 unter großer Theilnahme seiner
Mitbürger das 50jährige Dienstjubiläum zu feiern.
Er war lange Jahre hindurch Mitglied des Stadtraths
und auch in anderweitigen Beziehungen für das Interesse unserer Stadt thätig. So schrieb er: „Die
Secularisation des Kirchengutes in Deutschland durch
den Reichs-Deputations-Hauptschluß vom 25. Februar
1803 und der § 37 dieses Recesses mit besonderer
Beziehung auf die Stadt Coblenz", Cobl. 1856, mit

einer Karte des der Stadt Coblenz gehörigen Waldes von 3300 Morgen auf der rechten Rheinseite, der durch diesen Receß der Stadt rein verloren ging und trotz alledem blieb. Longard, im Laufe der Zeit zum Justizrath ernannt und mit dem rothen Adlerorden decorirt, starb den 2. Februar 1865.

28.

Karl Wilhelm Lucas,

geboren in Coblenz den 16. August 1802, erhielt seine Vorbildung auf dem Gymnasium seiner Vaterstadt, bezog 1821 die Universität Bonn und widmete sich der Philologie. Im Jahre 1826 erwarb er sich den philo= sophischen Doctorgrad und schrieb bei dieser Gelegen= heit eine Dissertation: Cratinus et Eupolis. Bonn, 1826. Zu Ostern desselben Jahres begann er seine Lehrthätigkeit an dem Gymnasium zu Bonn und blieb daselbst bis zum Jahre 1841, wo er zum Director des gleichsam neu zu gründenden Gymnasiums in Emmerich ernannt wurde. Er schrieb bei Gelegenheit seiner Ein= führung daselbst eine Abhandlung »de voce Homerica Polipaidalos. Bonn.« Sein Aufenthalt in Emmerich war indeß nur von kurzer Dauer; schon 1843 ward er als Provinzial=Schul= und Regierungs=Rath nach Coblenz berufen. Diese Stelle bekleidete er eifrigst und pflichtgetreu beinahe 31 Jahre und sah seine Thätigkeit durch den rothen Adlerorden 3. Klasse mit

der Schleife und den Hohenzollern'schen Hausorden,
sowie durch die Ernennung zum geheimen Regierungs=
rath ehrenvoll anerkannt.

Seine Schriften fallen in die frühere Zeit größerer
Muße. Wir erwähnen: „Anleitung zur Erlernung der
lat. Formenlehre. Bonn 1833." »Questiones lexilo-
gicae. Bonn 1835.« „Formenlehre des ionischen Dia=
lects im Homer, 3. Aufl. 1853 und ins Englische über=
setzt. London 1846." »Meletemata Homerica. Bonn
1839.« ꝛc.

Abgesehen von seiner, ihm in treuer Liebe an=
hängenden Familie gab ihm Musik Erheiterung und
Erholung. Neben dem Klavier spielte er gern die
Bratsche, beide, ohne je Unterricht genommen zu haben,
in etwas absonderlicher Weise. Auch gab er „Kirchen=
gesänge" heraus, deren erste Auflage Bonn 1835, die
sechste Coblenz 1873 erschien. Als Leiter des Musik=
Instituts stets eifrig und thätig, trug er nicht wenig
zu dessen Blüthe bei. Aber auch seine Stunde war
gekommen! Er erkrankte auf einer Dienstreise in
Kempen und erlag daselbst einem gastrisch=nervösen
Fieber am 30. März 1874. Seine Ruhestätte ist hier.

29.

Johann Augustin Machhuis

ward zum Abte der Benedictiner=Abtei Laach gewählt
den 6. Februar 1552. Er zeichnete sich in jeder

Beziehung aus, that namentlich viel für Wissenschaft und Kunst. Sein Tod erfolgte den 10. Juli 1568. Der Name „Machhausen" findet sich noch in unserer Stadt.

30.

Joannes Magir,

ein geborner Coblenzer, trat mit 23 Jahren in den Jesuiten-Orden, in welchem er sich als Missionär und Prediger rühmlichst auszeichnete. In den letzten 17 Jahren seines Lebens bekleidete er das Pfarramt zu Speyer, wo er auch am 8. September 1609 in einem Alter von 51 Jahren starb. Er schrieb unter Anderm: Disceptatio epistolaris J. Magiri, Jesuitae concionatoris, et Davidis Paraei, christiani Theologi, de autoritate divina et canonica scripturarum deque absoluta ecclesiae infallibilitate. Heidelberg 1604. Vergl. de Backer, Bibliotheque des ecrivains de la Comp. de Jesus. II. 379.

31.

Hermann Manheim

ward geboren den 26. März 1700. Der Vater Matthias war Schöffe des Hochgerichts und Notar in unserer Stadt, die Mutter eine geborne Hegener. Hermann trat in den Jesuitenorden, ward Doctor der Theologie,

Professor und Dekan an der Universität zu Trier. Er zeichnete sich besonders als Lehrer aus und war bis zum Ende seines Lebens von außergewöhnlichem Eifer und Fleiß. Sein Tod erfolgte den 28. August 1743.

32.
Modestus Manheim,

der Bruder des Vorigen, ward am 5. November 1727 zum Abte der Benedictiner-Abtei St. Matthias bei Trier gewählt, erscheint später als Vice-Kanzler der Universität, was seine höhere wissenschaftliche Bedeutung bekundet, und starb den 2. April 1758.

33.
Simon Meister

ward in Coblenz geboren den 20. Dezember 1796. Sein Vater, Christian, war Sattlermeister, seine Mutter, Barbara, eine geborne Diefenhard. Er erlernte das Handwerk seines Vaters, konnte aber nicht unterlassen, noch ein Knabe, alle Wände der Werkstätte mit Rittern, Pferden und Burgen zu bemalen. Endlich gab er die Arbeit auf und ging mit Unterstützung einer Tante, der Fräulein Diefenhard, im Jahre 1821 nach Paris, wo sich sein eminentes Talent unter Horace Vernet rasch entwickelte. Als er im

Jahre 1825 zurückkehrte, war er in Wahrheit ein Meister, der in Schlachtenbildern kühn neben seinen berühmten Lehrer zu stellen war. „Feurige, productionsreiche Phantasie, lebendige, naturgetreue, geistreiche, klare, charakteristische Auffassung und Darstellung seines Gegenstandes, einfache und doch kunstvolle, aber ganz ungekünstelte, verständliche Anordnung, außerordentliche technische Fertigkeit in der Zeichnung, im Colorit, ungemeine Schnelligkeit im Arbeiten" — alles dies vereinigte sich in ihm. Nun, mein lieber Leser, was willst Du noch mehr! Ueberaus zahlreich sind die Bilder, die er schuf: er gefiel sich in immer größeren Dimensionen, so daß er zuletzt den Uebergang der Franzosen über den Rhein bei Neuwied und die Schlacht bei Kulm für ein eigenes Diorama malte. Kolossale Bilder im Kölner Museum sind von ihm: König Friedrich Wilhelm III. zu Pferde in Begleitung des Generals von Pfuel u. A. und eine Löwenjagd; in Coblenz befindet sich im General-Commando das Bild des Generals von Borstel mit seinen Adjutanten und in der Gemälde-Gallerie das Portrait des Pastor Lang. Dies lebensgroße Portrait malte Meister im Jahre 1828: es beweist schon allein, daß er nicht nur ein genialer Pferde- und Schlachtenmaler, sondern auch ein gewandter Portraitmaler war. Mehrere seiner Bilder sind in Berlin, da ihm König Friedrich Wilhelm IV. manche Aufträge gab.

Simon Meister war von mittlerer Größe; sein blühendes, von blonden Locken umrahmtes Gesicht mit den blauen, freundlichen Augen lächelte einem Jeden entgegen. Heiter genoß er das Leben und vielleicht zu sehr die ihm von Mosel und Rhein so reichlich gebotene Gabe. Er starb in Köln, wo er seit längeren Jahren seinen Wohnsitz genommen, am 29. Februar 1844.

Nikolaus Meister,

ein Bruder Simons, war im Fach der Landschaft nicht ungeschickt. Er war bei der Anfertigung der großen Bilder für das Diorama dem Bruder eine tüchtige Stütze.

34.
Die Fürsten Metternich.

Das alte Geschlecht deren von Metternich, nach dem 2 Stunden von Bonn entfernten Orte Metternich an der Swift den Namen führend, spaltete sich im Laufe der Zeiten in viele Linien, von denen jetzt nur noch Eine blüht. Es ist dies die Linie deren von Metternich zu Vettelhoven, aus welcher die Gebrüder Wilhelm und Lothar, im Jahre 1652 mit Winneburg und Beilstein belehnt, sich nun nach diesen Herrschaften nannten. Ersterer hatte im Jahre 1630 bereits die Herrschaft Königswarth in Böhmen gekauft und war auch Burggraf zu Eger, so daß die Beziehungen der Familie zu Oestreich schon alt sind. Im Jahre 1697 erhielt dieselbe die reichsgräfliche, 1802 die reichsfürst-liche Würde, und da letztere sich nur auf den jedes-

maligen Senior der Familie bezog, im Jahre 1813
den öftreichischen Fürstentitel für sämmtliche Mitglieder
der Familie. Wir haben aus diesem Geschlechte hervorzuheben den Grafen, spätern Fürsten Franz Georg von
Metternich und dessen Sohn, den Fürsten Clemens.

Franz Georg Graf von Metternich

ward zu Coblenz den 9. März 1746 geboren. Er
verlor schon im Alter von 4 Jahren seinen Vater,
Johann Hugo, und kam dadurch unter die etwas
strenge Vormundschaft seines Oheims, des Domherrn
zu Mainz, Franz Ludwig. Kaum dieser Vormundschaft entwachsen, ward er als kurtrierischer Gesandter
an den Hof nach Wien geschickt (1768), und in rascher
Folge stieg er zum wirklichen Geheimen Staatsrath
und Conferenz=Minister. Trotz dem trat er in kaiserliche Dienste, und schon im Jahre 1775 fungirte er
als k. wirklicher Geheimer Rath und bevollmächtigter
Minister an den Höfen Trier, Köln und Mainz, sowie auch bei dem westphälischen Kreise. Im Jahre
1791 trat er in die bedeutende Stellung eines General-
Gouverneurs der Niederlande, aus welcher er indeß
schon im folgenden Jahre vor den anbringenden Franzosen sich zurückziehen mußte. Er kehrte im Jahre
1793 zwar nochmals nach Brüssel zurück, aber nur,
um im Juli 1794 abermals vor den bei Fleurus sieg-
reichen Franzosen zu flüchten. Nach längerer Unthätig-
keit trat er nochmals im Jahre 1798 als Prinzipal-
Commissarius beim Congreß zu Rastatt auf und be-
schloß hiermit seine eigentliche politische Thätigkeit;

denn nur zu erwähnen möchte noch sein, daß er im Jahre 1810 bei Abwesenheit seines Sohnes Clemens eine kurze Zeit das auswärtige Ministerium für denselben verwaltete.

Franz Georg war, größtentheils in Folge der französischen Revolution, ein Absolutist von der strictesten Observanz, welche Gesinnung er auch auf seinen Sohn übertrug. Er erlebte und erlitt durch jene die Confiscation eines großen Theils seiner Güter, nämlich aller deren, die auf dem linken Rheinufer gelegen; die dafür erhaltene Entschädigung durch die zu einem Fürstenthum erhobene Abtei Ochsenhausen war nur gering, obgleich sich die Verleihung der Fürstenwürde derselben anschloß. Zuletzt zog sich der Fürst, ein stattlicher, wohlbeleibter, altdeutscher, mit dem goldenen Vließe und dem ungarischen St. Stephans-Orden decorirter Herr, von allen Geschäften zurück, übergab selbst die Verwaltung seiner stark verschuldeten Güter seinem Sohne Clemens und starb den 11. August 1818. Verheirathet mit Maria Beatrix, Gräfin von Kageneeg († 1828), hinterließ er 3 Kinder, welche sämmtlich in Coblenz geboren worden: 1) Pauline Kunigunde Walburge, auf beide letztere Namen indeß allein getauft, ward geboren den 29. November 1771. Sie heirathete im Jahre 1817 ihren alten Anbeter, den bereits 54jährigen und von seiner ersten Gemahlin geschiedenen Herzog Ferdinand von Würtemberg, den Schwager des Kaisers, k. k. östreichischen Feldmarschall und Gouverneur von Ober- und Nieder-Oestreich, ward Wittwe im Jahre 1834 und starb 1856. 2) Clemens.

3) Joseph, geboren den 14. November 1774, Domherr zu Mainz, heirathete späterhin die Prinzessin Juliana Sulkowski und starb den 9. Dezember 1830, ohne Kinder zu hinterlassen.

Clemens Wenceslaus Lothar Nepomuk

ward geboren zu Coblenz den 15. Mai 1773. Daß der Kurfürst sein Pathe war, ergeben die ersten beiden Namen; dieser wurde bei der Taufe durch den Freiherrn Franz Ludwig von Kesselstatt vertreten. Durch Privatunterricht von einem sehr freisinnigen Elsasser, Simon, vorbereitet, bezog Clemens die Universität Straßburg. Nach zwei Jahren zurückgerufen, fungirte er 1790 als Kämmerer und Ceremonienmeister des katholischen Theils der westphälischen Grafenbank bei der Krönung des Kaisers Leopold II. und ging dann nach Mainz, wo er namentlich in der, dem Kurfürsten so nahe stehenden Frau von Coudenhoven eine Freundin und Lehrmeisterin fand. Er blieb hier vier Jahre und nahm dann nach einer, im Jahre 1794 nach England unternommenen Reise seinen Aufenthalt in Wien. Von hier ward er im Jahre 1797 als Bevollmächtigter des westphälischen Grafen = Collegiums auf den Rastatter Congreß entsendet. Hier suchte er die Rechte des unmittelbaren Adels möglichst zu wahren, trat aber überaus höflich und bescheiden auf. Gleichzeitig mit seinem Vater bei diesem Congreß, begegneten sich beide öfters in ihren Neigungen, namentlich für das schöne Geschlecht; die hieraus entstandenen Verwicklungen sollen mitunter sehr lustiger Art gewesen sein und Kotzebue

zu seinem Luftspiele „Die beiden Klingsberge" Veranlassung gegeben haben. Der Sohn verfolgte indeß seine
diplomatische Carriere und ward der Reihe nach k. k.
Gesandter in Dresden (1801), Berlin (1803) und
Paris (1806), bis er im Jahre 1809 die Leitung der
auswärtigen Angelegenheiten übernahm. In dieser
Stellung, späterhin indeß zum Haus-, Hof- und Staats-
Kanzler erhoben, verblieb er bis zum Jahre 1848, wo
er, durch die volksthümliche Bewegung gezwungen, ab-
trat und Wien nicht ohne Schwierigkeiten verließ. Er
floh, bis Dresden in einem geschlossenen, anscheinend
leeren, auf dem Waggon eines langsamen Güterzuges
stehenden Wagen versteckt, nach England, ging im
Herbste 1849 nach Brüssel und kehrte im Juni 1851
nach Wien zurück, wo er, ohne irgend an der Leitung
der öffentlichen Angelegenheiten Theil zu nehmen, zurückgezogen lebte und am 11. Juni 1859 an Altersschwäche
starb. Seine Leiche ward in dem ehemaligen Cister-
zienser-Kloster, der jetzigen Herrschaft Plaß, im Pilsener
Kreise Böhmens, welche er im Jahre 1826 angekauft,
beigesetzt.

Fürst Metternich war einer der größten Diplomaten
seiner vielbewegten Zeit. Er besaß eine auf das Be-
wußtsein seiner staatsmännischen Macht begründete
wahrhaft imponirende Würde, Anmuth der Formen,
volle Ruhe und Gemüthskühle. Dabei sprach er vortrefflich, fließend und gemessen, in gewähltem, oft
überraschend beziehungsvollem Ausdruck. Seine Staats-
weisheit war aber nicht die richtige: sie beruhte einfach auf Unterstützung der reinen Fürstengewalt, auf

Geringschätzung des Volkes, auf unbedingter Miß-
achtung der öffentlichen Meinung. So waren es denn
auf dem Wiener Congresse nach ihm blos die Fürsten,
welche sich in die eben errungenen Lorbeeren zu theilen
hatten; die Karlsbader Beschlüsse steigerten das Unheil.
Durch Polizei, Censur und geistige Absperrung war
er stets bemüht, Oestreich vor liberalen Ansichten zu
bewahren, und nur insoweit unterstützte er die Wissenschaften, mit denen er indeß gerne liebäugelte, als sie
auch nicht entfernt an das Gebiet der Politik streiften.
Die Geschichte hat über seine Ansichten das Urtheil
gesprochen; sein inneres Regierungssystem hat sich
ebenso wenig bewährt wie seine äußere Politik: Italien,
welches er z. B. ganz mit Verträgen umsponnen, ist
ein schlagender Beweis der letztern Behauptung. Er
selbst sagte charakteristisch: „Ich bin für die Erhaltung
des Bestehenden; wer das will, der ist mit mir; wer
der Unordnung und Zerrüttung Vorschub thut, der
ist wider mich und ich wider ihn. Der Staatsmann
darf keine Stange Eisen, er muß eine Stahlfeder sein,
die sich unter jedem Drucke biegt, ihm aber auch widersteht und gleich wieder die frühere Gestalt annimmt.“
Daß die Zeit ihre Rechte verlange, sah er nicht ein;
stets suchte er in die alte Lage der Dinge zurückzu-
kommen, bis ihn die Sündfluth ereilte, von der er
gehofft, daß sie erst nach seinem Tode hereinbrechen
würde. Auf der andern Seite steht fest, daß er Oestreich in den schwierigsten Verwicklungen mit großem
Geschick geleitet, es durch die ärgsten Bedrängnisse mit
seltener Gewandtheit glücklich durchgeführt hat.

Metternich erfreute sich der höchsten Fürstengunst. Am Abend der Schlacht bei Leipzig ertheilte ihm Kaiser Franz die östreichische Fürstenwürde für sich und seine Nachkommen; der König beider Sicilien erhob ihn 1816 zum Herzoge von Portella, dem Orte, bei wel= chem die Oestreicher das neapolitanische Gebiet zuerst betraten, als sie 1815 das Reich wieder der fran= zösischen Herrschaft entrissen; der König von Spanien ernannte ihn zum Grand erster Klasse ꝛc.; er besaß mit Ausnahme des englischen Hosenbandorbens alle ersten europäischen Orben, war endlich 1813 von der Universität Oxford zum Doctor creirt worden ꝛc. Sein Kaiser gab ihm am 1. August 1816 das Schloß Jo= hannisberg mit Vorbehalt des Rückfalls an Oestreich im Falle des Aussterbens der Familie; Fürst Clemens hatte einige Jahre früher (1812) die herrlichen Güter zu Rüdesheim und Geisenheim verkauft und erhielt somit einen trefflichen Ersatz. Das Fürstenthum Ochsen= hausen überließ er an Würtemberg gegen die Summe von 1,300,000 Gulden, die er theils zur Tilgung von alten Familienschulden, theils zur Arrondirung und Ausstattung der Herrschaft Königswarth verwendete. Auch den ihm vom König von Preußen auf dem Con= gresse zu Aachen im Jahre 1818 zurückgegebenen Met= ternicher Hof in unserer Stadt verkaufte er im folgen= den Jahre wieder an den Staat für den Betrag von 38,000 Gulden exclusive einer Mieths=Entschädigung von 7000 Gulden für die Jahre 1815 bis 1819. Dies stimmt wenig mit der vom Rheinischen Antiquarius gerühmten Anhänglichkeit an sein Geburtshaus, die ihn bei jedem Verweilen in unserer Stadt dasselbe besuchen und mit sichtbarer Rührung betreten ließ. Was waren letzteres überhaupt für Summen für einen Mann, dem die Staats-Revenuen gleichsam zur freien Verfügung standen! war auch gleich sein Gehalt auf 100,000 Gulden normirt, so wurde doch jede seiner Anweisungen auf die Staatskasse unbedingt honorirt. Die auf diese Weise bis zum Tode des Kaisers Franz verausgabte Summe betrug nicht weniger als 13 Millionen Gulden! Daneben hatte z. B. der Kaiser Alexander bei seiner Abreise vom Wiener Congreß ihn um eine freundschaftliche, nicht politische Privatcorrespondenz ersucht, zu deren Kosten der Fürst jährlich 50,000 Ducaten annehmen möge. Diese Revenue bezog der Fürst bis zu Alexanders Tode, und Kaiser Nikolaus — erhöhte sie auf 75,000 Ducaten! Metternich war dies so wenig anstößig, als die Zahlung von 60,000 Ducaten jährlich, mit welchen der König von Neapel die Verleihung des Titels eines Herzogs von Portella an Metternich begleitete. Bestechlichkeit wird ihm trotzdem nie vorgeworfen. Von leichtem und geschmeidigem Charakter, war es dieser grade, welcher seine Ernennung zum Gesandten in Paris veranlaßte. Napoleon nahm den schönen Höfling auch sehr gnädig auf und äußerte scherzweise, er wundere sich, daß ein so altes Haus, wie das Habsburg'sche, einen so jungen Gesandten schicke. Rasch erwiderte Metternich: „Ew. Majestät waren bei Austerlitz nicht älter, als ich!" Diese für seinen Hof eben nicht schmeichelhafte Antwort wußte er wieder auszugleichen: als nämlich

Napoleon im Jahre 1808 von Rüstungen Oestreichs
hörte, fuhr er Metternich heftig an und fragte zornig:
„Was will denn Ihr Kaiser?" „Er will," erwiderte
Metternich, „daß Sie seinen Gesandten respectiren!"
Hierhin gehört auch das Nichtbeachten des Hutes, den
Napoleon bei dem berühmten Zwiegespräch zu Dresden
am 28. Juni 1813 zur Erde fallen ließ. Metternich
schien ihn nicht zu bemerken und ließ ihn liegen. Eine
Zusammenkunft Metternichs mit Görres endigte freund-
licher. „Sie haben aber," sagte der Fürst zu diesem,
„die Coblenzer Sprache gar nicht vergessen!" „Nun,
dann freut mich," erwiderte Görres, „mit Ew. Durchlaucht wenigstens die eine Aehnlichkeit zu haben!"
Einen Beweis von des Fürsten Coblenzer Sprache gibt
der Rheinische Antiquarius, indem er den Fürsten sagen
läßt, sein ehemaliger Lehrer habe von dem Herzog von
Orleans, „dem schroën Kerl," nichts erhalten. Ein
ächter Coblenzer hätte indeß das „n" weggelassen!

Hart kam dem Fürsten seine Entsagung von einer
Stellung, die er fast 50 Jahre bekleidet. Als ihm
einst der General Baron von Vacquant klagte, daß er
in seiner Inactivität nicht wisse, womit er sich beschäftigen solle, und die Frage stellte: „Was machten Durchlaucht, wenn Sie nicht mehr in Activität sein würden?"
entgegnete unwillig der Staatskanzler: „Sie stellen
einen ganz unmöglichen Fall hin!" Und dieser Mann,
ein Greis geworden, trat am 8. März 1848 ruhig
und bedächtig, mit all der äußern Würde, deren Re-
präsentant er stets war, vor eine bis in die kaiserliche
Burg gedrungene, seine Entlassung fordernde Deputation

und sprach: „Wenn Sie glauben, daß ich dem Staate durch meinen Rücktritt einen nützlichen Dienst erweise, so bin ich mit Freuden dazu bereit. Gefährdet mein Verbleiben das Heil der Monarchie, so kann es für mich kein Opfer sein, meine Stelle in die Hände des Kaisers niederzulegen. Ich wünsche Ihnen Glück zur neuen Regierung!" Ein Triumphgeschrei ertönte als Dank für diese Mittheilung. Sein Auge übersah die Menge, noch einmal schritt er durch den Saal, und langsam entfernte er sich. Metternich war dem Abgrund blindlings entgegengeeilt, der sich ihm geöffnet, als die altconservative Partei mit der Erzherzogin Sophie an der Spitze sich mit den Liberalen zu seinem Sturze verband, eine Verbindung, die aus Haß jener Partei gegen Metternich wegen seiner Opposition gegen die beabsichtigte Ausdehnung der kirchlichen Herrschaft hervorgegangen.

Fürst Metternich, „ein leichtblütiger, munterer Rheinländer," hat seine Schule hauptsächlich bei den Frauen gemacht; er gestand es selbst, daß er seine ganze eigentliche Bildung den Frauen zu verdanken habe. Von großer männlicher Schönheit und ein Cavalier in der wahren Bedeutung des Wortes, war es in Mainz, wie schon erwähnt, Frau von Coudenhoven, welche sich seiner mit Liebe annahm; in Dresden fesselte ihn hauptsächlich die Herzogin von Sagan, in deren Zimmer er auch am späten Abende des 10. August 1813 die Note unterschrieb, in welcher Oestreich an Frankreich den Krieg erklärte, indem es der Coalition von Rußland und Preußen beitrat. In Paris war es die Lieblingsschwester Napoleons, Caroline Murat, die Königin von Neapel, mit welcher er zarte Bande geknüpft. Das eheliche Verhältniß wurde durch diese und andere zahlreiche Liaisons — nannte man ihn doch noch auf dem Wiener Congreß den ministre papillon — nicht getrübt: ein förmliches und beiden Theilen gleich angenehmes Abkommen sicherte dasselbe.

Fürst Metternich hatte sich bereits im Jahre 1795 vermählt mit Gräfin Eleonore von Kaunitz, Enkelin und Erbin des berühmten Ministers. Dieselbe starb in Paris den 19. März 1825. Im Jahre 1827 schritt er zur zweiten Ehe mit der schönen Antonie von Leykam, geb. 15. August 1806, die zur Gräfin von Beilstein erhoben wurde, um die Mesalliance der „Säule der Aristokratie der genealogischen Blutreinheit und Eben= bürtigkeit" in etwas auszugleichen, aber schon am 17. Jan. 1829 starb, worauf der Fürst die Gräfin Melanie von Zichy=Ferraris (geb. 1805, gest. 1854) heimführte. Kinder: 1. Leontine, geb. 1811, vermählt mit Moritz Grafen Sandor. 2. Hermine, geb. 1815. 3. Richard, geb. 7. Januar 1829, lange Zeit Gesandter in Paris. 4. Melanie, geb. 1832, vermählt mit Graf Zichy. 5. Paul, geb. 1834, k. k. Obrist im Dragoner=Regiment Prinz Eugen von Savoyen, und 6. Lothar, geb. 1837, Hofrath bei der oberöstreichischen Statthalterei. Vier Söhne und drei Töchter waren in jugendlichem Alter vor dem Vater gestorben.

Seine zweite Gemahlin, Antonie, deren wundervolle Schönheit hauptsächlich in ihren berühmten Augen voll Schwermuth beruhte, starb zum großen Leidwesen des

Fürsten an den Folgen der Geburt des Stammerben Richard, den der Fürst durch einen Schweizer im liberalsten Sinne erziehen ließ! Ihr Bild im einfachen weißen Kleide hing über seinem Schreibtisch, das Bild seiner dritten Gemahlin, reich decorirt, hinter seinem Rücken; als Letztere einmal in Abwesenheit des Fürsten die Plätze der Bilder vertauschte, mußte die alte Ordnung augenblicklich wiederhergestellt werden. Diese stolze Frau war berühmt durch ihre Keckheit und Leidenschaftlichkeit; als sie die Prinzen Ludwig Philipps bei deren Besuch in Wien mit der höchsten Insolenz behandelte und der französische Gesandte dem Fürsten Metternich deßhalb Vorstellungen machte, erwiderte dieser: »Je n'ai pas fait l'éducation de ma femme.« Herrlicher Trost!

35.

Johann Heinrich Milz

ward geboren zu Coblenz den 21. November 1763. Sein gleichnamiger Vater war Bäcker und Oekonom, seine Mutter, Maria Anna, geb. Genger. Die Eltern bewohnten ihr eigenes Haus, das jetzige Besitzthum der Gebrüder Zilken, Altengraben Nr. 10; doch wurde Johann Heinrich nicht in demselben, sondern in dem Hause der Rheinstraße, welches früherhin neben demjenigen der Brückenverwaltung, dem „Riesen" gegenüber, lag, geboren. Er besuchte das Gymnasium seiner

Vaterstadt und ward nach dessen Absolvirung in das erzbischöfliche Seminar zu Trier aufgenommen. Schon frühe durch seinen Fleiß und seine Kenntnisse aus= gezeichnet, ward er am 21. Dezember 1786 zum Priester geweiht. Als solcher besuchte er noch die Universität Göttingen, um namentlich das canonische Recht zu studiren, in welchem er sich denn auch eine hohe Stufe von Kenntnissen erwarb. Nach Coblenz zurückgekehrt, ward er zuerst Professor am Gymnasium daselbst, dann Canonicus am Stifte zu St. Castor. Als dieses auf= gelöst worden, lebte er zurückgezogen, bis ihm im Jahre 1813 die Pfarrei St. Castor übergeben ward; schon früher hatte er den Titel eines bischöflichen Raths erhalten. Bei Errichtung der königl. preußischen Re= gierung zum Consistorialrath ernannt, bekleidete er dieses Amt, bis er unter'm 19. Dezember 1825 von Papst Leo XII. zum Weihbischof und Bischof von Sarepta creirt wurde. Er unterzog sich dieser neuen Stellung mit gewohntem Eifer, obgleich seine körper= lichen Kräfte sehr nachgelassen und er fast immer lei= bend war. Im Oct. 1832 kam er in unsere Vaterstadt, um sowohl hier als in der Umgegend das Sacrament der Firmung zu ertheilen; kaum angelangt, erkrankte er im Hause seiner Schwester, der Wittwe Paul Müller, und starb nach längerm Leiden den 29. April 1833.

Milz zeichnete sich durch ein ganz besonderes Er= zählungstalent aus: jede, auch die unbedeutendste Sache gewann durch seinen überdies stets lebhaften Vortrag. Sein langer und schlanker Wuchs gab dem General Marceau zu einigen Späßen Gelegenheit, die uns der Rheinische Antiquarius (II. Abth. 1. Bd. S. 38) mittheilt. Milz petitionirte nämlich im Jahre 1795 bei diesem General um die Freilassung einiger Collegen, die derselbe wegen angeblicher Zurückhaltung eines werthvollen Evangelien=Coder festgenommen hatte; trotz des wenig erfreulichen Empfangs war doch der Erfolg ein günstiger.

36.

Johannes Müller

ist in unserer Stadt den 14. Juli 1801 geboren. Sein Vater, Matthias, war Schuhmacher, seine Mutter Maria Theresia Wittmann. Von seinem zehnten Jahre an besuchte er das Gymnasium und zeichnete sich in dessen Klassen stets rühmlich aus. Nach zurückgelegtem Gymnasium diente er als Pionier sein Militairjahr ab und bezog dann die eben gegründete Universität Bonn. Er, der früher zum Sattler bestimmt war, schwankte jetzt zwischen Theologie und Medizin, entschied sich aber endlich für letztere. Nach kaum zwei Jahren, am 3. August 1821, errang er den Preis der medizinischen Facultät durch Lösung einer physiologischen Aufgabe, und am 14. Dezember 1822 erwarb er sich den Grad eines Doctors der Medizin. Die königl. Regierung, aufmerksam auf die großen Fähigkeiten Müllers, zog ihn im Frühjahr 1823 nach Berlin. Hier bildete er sich unter Rudolphi, Klug, Lichtenstein und Andern weiter aus und legte im Winter auf 1824 die medizinisch=chirurgischen Staatsprüfungen ab. Erst im Herbste kehrte er nach Bonn zurück, wo er im October als Privatdocent für Physiologie und ver= gleichende Anatomie auftrat. Seine Vorlesungen wurden zahlreich besucht und seine Wirksamkeit schon im Jahre 1826 durch den Titel eines Professors anerkannt. Es trat zwar nun eine Krankheit störend dazwischen, eine durch übergroße Anstrengung sehr hoch gesteigerte Reiz= barkeit, doch wurde dieselbe namentlich durch eine Er= holungsreise, zu welcher ihm das Ministerium Urlaub und Mittel gewährte, glücklich wieder beseitigt. Die Reise selbst machte er mit seiner Gattin, Maria Anna, geborne Zeiler, die er im April 1827 heimgeführt, in einem Einspänner, wobei Müller selbst die Zügel führte, und deren Ziel die näher gelegenen Universitäten waren. Aber von dieser Zeit an hatte Müller eine ernstere Richtung angenommen und gleichsam mit der Jugend abgeschlossen. Er setzte seine Vorlesungen und Studien ununterbrochen mit dem glänzendsten Erfolg fort, so daß er im Jahre 1830 schon eine ordentliche Professur erhielt und im Jahre 1833 in dieser Eigen= schaft nach Berlin berufen wurde. Hier wirkte und schaffte er bis an sein Lebensende mit unermüdlichem Eifer unter Aufbietung seiner gewaltigen Kräfte, er= reichte aber auch ganz außerordentliche Resultate. Nicht nur zog er eine große Zahl der tüchtigsten Männer heran: Windischmann, Professor in Löwen, Henle, Professor in Göttingen, Max Schultze, Professor in Bonn, Du Bois Reymond, Professor in Berlin,

10

Schwann, Claparede und viele Andere, sondern seine praktische und in Folge deren auch seine schriftstellerische Thätigkeit war eine ganz außerordentliche. Man hat berechnet, daß von ihm etwa 950 Bogen gedruckt erschienen sind, sämmtlich voll wirklicher, sei's von ihm selber beobachteter, sei's scharf beurtheilter und sorgfältig zusammengestellter fremder Thatsachen. Dazu gehören etwa 350 größtentheils von ihm selbst gezeichneter Tafeln mit Abbildungen. Die Vielseitigkeit seiner Leistungen ist außerordentlich; es erreicht die Zahl seiner Werke, Aufsätze 2c. die Nummer 267. Das Berliner anatomische Museum ist eigentlich seine Schöpfung und verdankt ihm die hohe Stufe, auf welcher es jetzt namentlich in Beziehung auf Vollständigkeit und systematische Anordnung steht. Die Zahl der Präparate vermehrte sich unter seiner Verwaltung um 12,380 Nummern, unter welchen sehr viele, welche ganze Reihen von Präparaten umfassen.

Müller war von mittlerer Größe; den Kopf mit den charakteristischen Zügen und dem dunkel feurigen Auge hielt er bei erregtem Zwiegespräch oder auf dem Katheder stolz aufgerichtet, sonst aber meist nachdenklich zur Seite gewendet. Bedacht, seiner Würde durch äußere Erscheinung zu entsprechen, war er in seinen Sitten und Gewohnheiten äußerst mäßig und einfach. Meist verschlossen und wortkarg gab er sich nur in eng vertrautem Kreise, im Familienzirkel heiterer Unterhaltung hin. Auch auf dem Katheder war der Vortrag Müllers kalt und ruhig, nie gerieth er in Feuer oder suchte durch Fülle des Ausdrucks zu blenden;

nie aber auch verirrte, wiederholte oder versprach er
sich. Ausgezeichnet war sein Talent zum Zeichnen auf
der Tafel. Gegen den Studenten im Ganzen wenig
zuvorkommend, ja gradezu unfreundlich, war er einem
engern Kreise von Schülern, der ihm besonders anhing
und dessen besondere Fähigkeit er erkannte, der freund=
lichste und gütigste Lehrer. Er bekleidete zweimal das
Rectorat der Universität, das zweitemal in dem un=
ruhigen Jahre 1848. Da hatte er denn viel zu er=
dulden: sah er doch schon in Gedanken sein Museum
zerstört, ein Gedanke, für ihn so furchtbar, daß er mit
dem Degen umgürtet, die Arme verschränkt, vor dem=
selben selbst Wache stand! Noch am Tage des Rector=
Wechsels verließ er Berlin und ging mit heimathlicher
Sehnsucht an den Rhein. Nach Coblenz zog ihn öf=
ters sein Herz, und kaum ein Jahr vor seinem Tode
brachte er noch mit seinen Freunden einen heitern Abend
bei Herrn Justizrath Kopp zu. „Wir haben uns zum
letztenmal gesehen," sagte er beim Abschiede zu diesem,
und beide Freunde starben fast zu gleicher Zeit!

Zweimal war Müller in Todesgefahr. Im Jahre
1853 stürzte der Wagen in der Nähe des Klosters
auf dem St. Gotthard, in welchem er und sein Sohn
saß, einen steilen Abhang herunter, und im Jahre
1855 erlitt er auf dem Dampfschiff „Norge" an der
norwegischen Küste einen Zusammenstoß mit einem
andern Schiffe, in Folge dessen der „Norge" in etwa
10 Minuten sank. Müller hielt sich an einer Treppe
und wurde eben in ein Boot aufgenommen, als seine
Kräfte im Begriff waren zu schwinden. Von den 90 an

Bord befindlichen Menschen fand über die Hälfte im
Meere den Tod und unter diesen auch ein wissenschaft=
licher Begleiter Müllers. Dieser selbst überwand die
Schrecknisse der Katastrophe ohne wahrnehmbaren Nach=
theil für seine Gesundheit, doch begann er bald darauf
zu kränkeln. Er litt namentlich an Schlaflosigkeit und
Herzklopfen. Endlich im Frühjahr 1858 fühlte Müller
selbst die Nothwendigkeit, etwas für seine Gesundheit
zu thun. Er beschied seinen als Arzt in Köln woh=
nenden Sohn zu sich, und eine Besprechung mit seinem
Berliner Arzte ward verabredet. Am Morgen des
Tages, wo diese Besprechung stattfinden sollte, am 28.
April, ward Müller todt im Bette gefunden! Die
Oeffnung seiner Leiche hatte er sich verbeten, und so
blieb die Ursache seines Todes unenthüllt.

Johannes Müller, Doctor der Medizin und Chi=
rurgie, Professor an der Universität, Director des
anatomischen Museums, geheimer Medizinalrath, Mit=
glied der Ober=Examinations=Commission und der wis=
senschaftlichen Deputation für das Medizinalwesen,
ordentliches Mitglied der Berliner Akademie der Wis=
senschaften u. s. w., Inhaber der großen goldenen
Medaille für Kunst und Wissenschaft, des Sömmering'=
schen Preises, der Copley Medal der königl. Gesell=
schaft zu London, des Prix Cuvier der Akademie der
Wissenschaften zu Paris u. s. w., Ritter des rothen
Adlerordens II. Klasse mit Eichenlaub, des Ordens
pour le mérite für Wissenschaft und Künste, des
königl. schwedischen Nordsternordens, des k. bayerischen
Maximiliansordens, des k. sardinischen St. Mauritius=

und Lazarusordens ꝛc., auf diesen Mann darf unsere
Stadt mit Recht stolz sein. Geziemend hat sie das
Haus seiner Geburt mit einer Marmortafel bezeichnet
und seiner colossalen Büste, aus weißem Marmor
von Schorp genial gemeißelt, einen Ehrenplatz in der
Bildergallerie gegeben, treu wird sie stets sein Gedächt=
niß wahren!

Müller ist häufig portraitirt worden; in Kupfer
gestochen hat ihn Linsen, ursprünglich für das Rust'sche
Magazin; geistreich lithographirt ward er in London
von Miß Louisa Corbaux, während das ähnlichste Bild
von ihm wohl die Lithographie von Lasally sein möchte.

37.

Johann Georg Müller

ward geboren zu Coblenz den 15. October 1798. Sein
Vater, der gleiche Vornamen führte, war zuerst für
den geistlichen Stand bestimmt, studirte aber späterhin
die Rechtswissenschaft und ward Advokat, dann Rath
bei dem K. Landgericht seiner Vaterstadt; seine Mutter
war eine geborne Fachbach. Nach Besuch von Schulen
in Neuwied und Ehrenbreitstein absolvirte er das Gym=
nasium hierselbst und studirte dann Theologie in Trier,
Würzburg und Bonn. Zum Priester ward er in
Köln den 9. September 1821 geweiht. Im Jahre
1823 nahm er eine Lehrerstelle am Gymnasium zu
Coblenz an und bekleidete er dieselbe zwei Jahre; dann

ging er auf Anrathen und mit Unterstützung des
Bischofs von Hommer auf 1½ Jahr nach Wien und
München und erwarb sich an letzterm Orte die theologische Doctorwürde. Im Jahre 1827 finden wir ihn
in Rom, 1828 aber als Lehrer im Seminar zu Trier,
in welcher Stellung er verblieb, bis er im Jahre 1836
Mitglied des Domkapitels wurde. 1842 zum General-
Vicar ernannt, erhob ihn Papst Gregor XVI. im Jahre
1844 zum Bischof von Thauma i. p., und in Folge
dessen ward er am 12. Januar 1845 zum Weihbischof
für die Diöcese Trier consecrirt. Zum Bischof von
Münster ward er am 1. Juli 1847 erwählt und als
solcher inthronisirt am 22. Dezember desselben Jahres.
Den Stab des h. Ludgerus führte er 22 Jahre mit
großer Weisheit und väterlicher Milde. Die groß-
artigen Schöpfungen hinsichtlich der Gotteshäuser und
seine eifrigen Bemühungen um die Zier derselben, so
wie seine Bestrebungen um die Heranbildung eines
tüchtigen Klerus verdienen volle Anerkennung. Er
war ein äußerst gelehrter, daher auch milb gesinnter
Mann, der einem längern Siechthum zu Münster am
19. Januar 1870 unterlag.

38.

Petrus Confluentinus

eröffnet der Zeit nach unstreitig die Reihe berühmter
Coblenzer. Er war Mönch in Himmerod, und Cäsarius

von Heisterbach, welcher um das Jahr 1240 starb, erzählt schon von ihm eine wunderbare Geschichte. (VIII. 3. — Manip. Hemmerodensis, p. 63.)

39.

Johann Kaspar Pflüger, Phluger,

geboren in Coblenz den 4. Januar 1620, war der Sohn eines Apothekers. Wir finden ihn wieder als Pastor in Hahn (Höhn?) bei Habamar, aus welcher Stelle er am 12. August 1658 zum Abte der Abtei Marienstatt gewählt ward. Er starb zwischen 1684 und 1688.

40.

Franz Reisinger

ward in Coblenz den 14. October 1787 geboren; sein Vater, Felix Reisinger, war Leibmedicus und Leib-chirurgus des Kurfürsten Clemens Wenzeslaus und kurfürstlicher Hofrath, verheirathet mit M. C. Ur-springer, einer Sängerin in der kurfürstlichen Kapelle, welche Stellung sie auch noch als Frau Hofräthin innehielt. Er begleitete den Kurfürsten auf seiner Emi-gration nach Augsburg und erhielt von demselben ein größeres Vermächtniß. Der Sohn Franz studirte in Göttingen und erwarb sich daselbst im Jahre 1814

den Doctortitel, machte dann eine weitere Reise nach
Paris und London und ließ sich als praktischer Arzt
in Augsburg nieder. Indeß schon 1819 ward er als
Professor nach Landshut berufen; 1824 erhielt er den
Hofrathstitel. Er leitete neben seiner Professur der
Chirurgie und Augenheilkunde die chirurgische Klinik
und Poliklinik, zog sich aber 1831 wieder nach Augsburg zurück, wo er nur practicirte, aber sich durch
regen Eifer und namentlich durch Gründung mehrerer
zweckmäßigen Anstalten ein bleibendes Andenken erwarb. Groß ist die Zahl seiner Schriften, meistens
Abhandlungen aus dem Gebiete der Augenheilkunde
und Chirurgie. Als er im Jahre 1855 starb, setzte
er die Ludwig=Maximilians=Universität München zum
Erben seines nahezu 300,000 Gulden betragenden
Vermögens ein, mit der Bestimmung, eine praktische
Bildungs=Anstalt für Aerzte zu begründen, namentlich
in Beziehung auf Anatomie, Chemie, Physik, Chirurgie, Alles in Bezug auf praktisches Handeln. In
München ward zu diesen Zwecken ein besonderes Ge-
bäude errichtet, dem sich ein botanischer Garten an-
schließt, und werden jetzt, da sich die jährliche Stif-
tungsrente auf 12,000 fl. beläuft, nicht nur eine
Reihe von Vorträgen im Sinne des Stifters in demselben gehalten, sondern auch noch 550 fl. jährlich zu
Prämien verwendet.

41.

Johann Heinrich Richter

ward geboren in Coblenz den 17. März 1803. Er war der Sohn eines wohlhabenden Goldschmieds und sollte dem Vater im Geschäfte folgen. Indeß nur mit Widerwillen arbeitete er in der Werkstätte, indem sein ganzer Sinn auf Zeichnen und Malen gerichtet war. In seinem 19. Jahre schickte ihn sein Vater nach Paris, damit er sich dort als Goldarbeiter weiter ausbilden sollte. Hier aber führte ihn die Anschauung der großen Kunstwerke von diesem Plane ab und ganz der Kunst zu. Er malte unter Girodit Trioson und später unter Gerard, und seine Bestrebungen waren von Erfolg. Eines seiner ersten Bilder war der heil. Sebastian, welches sich jetzt hier in der Kirche zu St. Castor befindet. Nach ferneren Studien in München widmete er sich späterhin ausschließlich der Portrait= malerei, worin er es zu einer wirklichen Kunsthöhe brachte. Im Jahre 1832 besuchte Richter Florenz, Rom und Neapel und malte hier mehrere Bilder aus dem italienischen Leben, die zu seinen besten Arbeiten gezählt werden.

Aus Italien zurückgekehrt, wandte er sich wieder nach München, verweilte 1835 längere Zeit in unserer Stadt und ging 1840 nach dem Haag. Ueberall er= hielt er zahlreiche Aufträge, namentlich auch von höchst= gestellten Personen, so daß die Zahl seiner meist lebens= großen Bilder eine bedeutende ist. Alle zeichnen sich

durch charakteristische Auffassung und kräftiges Colorit
aus, und mit Recht wurde er zur Zeit unter die vor=
züglichsten Künstler in diesem Fach gezählt. In Hol=
land erkrankte er indeß an einem organischen Magen=
übel; er kehrte zurück zu den Seinigen, unterlag aber
hier seinen Leiden am 2. Februar 1845. Sparsam
und genau, wie er war, hinterließ er ein beträchtliches
Vermögen; trotzdem fragt man vergeblich nach seiner
Grabstätte.

42.

Heinrich von Rübenach.

Die Familie Heinrichs gehörte zu den angesehensten
der Stadt Coblenz, obgleich sie keine ritterbürtige war.
Heinrich trat wie Kalteisen in den Dominikanerorden;
auch er ward Professor der Theologie an der Uni=
versität Köln, verließ aber diese Stelle, als ihm Erz=
bischof Rupert die Würde eines Weihbischofs unter
dem Titel eines episcopi Venecompouensis übertrug.
Da aber Landgraf Hermann von Hessen sich mit Ru=
pert um den erzbischöflichen Stuhl stritt und endlich
obsiegte, entfernte er den Weihbischof, der in der Reihe
seiner Gegner gestanden, von seinem Amte. Dieser
trat wiederum seine Professur an und erscheint noch
1484 als Decan seiner Facultät. Im hohen Alter zog
er sich in das Kloster seiner Vaterstadt zurück und
starb hier den 14. October 1493. Mitten im Chore

der Kirche stand sein Grabstein, der nach P. Hierotheus und nach Herrn Dompropst Dr. Holzer (in seiner Schrift de Proepiscopis Trevirensibus, p. 56) folgende Inschrift trug: Hic jacet reverendus in Christo pater et Dom. D. Henricus de Rivenaco, magister theologiae, inquisitor haereticorum, ord. praed. Episcopus Venecomponensis, filius hujus conventus. Obiit a. D. MCDXCIII die XIV. Oct. Der Grabstein ist indeß aus der Dominikanerkirche in das hiesige Gymnasial=Gebäude gekommen und neben der Thüre zur Bibliothek eingemauert worden. Er zeigt einen Bischof in mehr denn natürlicher Größe und folgende, schwer zu entziffernde Umschrift: Effigies Domini Henrici de Rivenaco, hereticaeque pravitatis inquisitoris, quondam provincialis, sacro-sanctae scripturae professoris . . . . 1493 ordinis praedicatorum in medio chori sepulti episcopi Venecomponensis . . . . filii hujus conventus cujus anima requiescat i . . . . . Das hereticaeque gleich hinter dem Namen zeigt deutlich, daß irgend ein Wort vorhergegangen ist, und überhaupt läuft die Inschrift so durcheinander, daß die Vermuthung wohl gerechtfertigt erscheint, die einzelnen Stücke des die Inschrift tragenden Rahmens seien bei der Ummauerung versetzt worden; dies war um so leichter möglich, als die Inschrift äußerst schwierig zu lesen ist und vielleicht nicht entziffert wurde. Die Inschrift lautete wohl folgendermaßen: Effigies D. Henrici de Rivenaco, Magistri theologiae hereticaeque pravitatis inquisitoris, ordinis praedicatorum quondam provincialis, SStae

scripturae professoris, Episcopi Venecomponensis
(. . . .) filii hujus conventus . . . . 1493 in
medio chori sepulti, cujus anima requiescat in
pace. — Der Stein ist so gut verputzt und so stark
mit Oelfarbe überstrichen, daß Abtheilungen des Rah=
mens nicht zu erkennen sind. Die Frage endlich, wie
P. Hierotheus (in seinem Manipulus Confluentinus,
p. 139) zu einer andern Grabschrift gekommen, ist
nicht zu beantworten, da weder anzunehmen, daß zwei
verschiedene Inschriften vorhanden, noch daß P. Hiero=
theus nicht im Stande gewesen, die ihm vorliegende
zu entziffern.

43.

Georg Saal,

geboren den 11. März 1817, trat ob der ärmlichen
Verhältnisse seiner Eltern bei den Pionieren ein, um
Soldat zu bleiben. Hier wurde er auf dem Bau=
Bureau beschäftigt, da sein bedeutendes Zeichentalent
sich bald offenbarte. Indeß gefiel es ihm beim Mili=
tair nicht, und nach Ablauf seiner Dienstpflicht ging
er auf das Bureau des Bauinspectors de Lasaulx, bei
welchem er manche geistreiche Andeutung über Kunst
hörte und dadurch sich zu höherm Streben so ange=
zogen fühlte, daß er plötzlich den Entschluß faßte und
ausführte, nach Düsseldorf zu gehen und sich dort der
Malerei zu widmen — Ende 1841. Hier nahm ihn

Andreas Achenbach freundlich auf; unter dessen Lei=
tung malte er die ersten Bilder. Er war Landschafts=
und Genremaler zugleich; seine Landschaften, natur=
wahr und voll poetischer Stimmung, machten rasch
Glück und wurden immer besser bezahlt. Die Eifel
und mehr noch der Schwarzwald, späterhin aber vor=
züglich der Norden gaben ihm die Motive zu seinen
Bildern. Im Jahre 1847 unternahm er die erste
Reise nach Norwegen; das nach seiner Rückkehr ge=
malte Bild, „das Alpenglühen der Mitternachts=Sonne",
wurde vom Städel'schen Museum in Frankfurt a. M.
angekauft. In den Jahren 1850 und 1854 besuchte
er wiederholt Norwegen, siedelte indeß 1850 nach Hei=
delberg über, im Jahre 1852 nach Baden=Baden und
1858 nach Paris. Hier erfreute er sich der glänzend=
sten Erfolge. Der Kaiser, die Nationalgallerie kauften
Bilder von ihm, 1866 erhielt er die Preismedaille der
Ausstellung u. s. f. Ein Bild auf dieser Ausstellung
voll trefflichsten Humors behandelte ein Abentheuer,
das dem Künstler selbst widerfahren sein soll. Ein
Maler sitzt in einer norwegischen Waldlandschaft vor
der Staffelei und ist so sehr in seine Studien vertieft,
daß er den rauhen Waldbewohner nicht merkt, der sich
hinter ihm niedergelassen. Dieser Waldbewohner, ein
ungeleckter Bär, sieht nun der Arbeit zu und scheint
zu überlegen, ob er das Kunstwerk bewundern oder
den Künstler fressen soll. Ob der Naturwahrheit in
der Zeichnung, der Durchsichtigkeit des Lichtes, der
sinnigen Stimmung seiner Gemälde ward er oft der
Dichter in Farben genannt. Ein Schlaganfall, der

ihn 1869 und wiederholt 1870 traf, die Verfolgung als Deutscher nach der Kriegserklärung von 1870, seine dadurch erzwungene Abreise von Paris mit Frau und zwei Kindern, seine Flucht nach Baden=Baden hatten am 2. October 1870 daselbst einen dritten Schlaganfall zur Folge, dem er rasch unterlag. Leider sind die meisten seiner vorzüglichen Gemälde außerhalb Deutschland.

Saal war ein schlichter, grader Mann, der nicht in eitlem Dünkel nach Titeln oder Decorationen strebte, aber in bescheidener Liebenswürdigkeit sich der Freunde viele gewann. Ein Portrait von ihm hat „der Salon", Lpzg. 1874, XL Heft.

<hr />

44.

Valentin Scheiden,

geboren zu Coblenz den 29. Januar 1638, Doctor der Theologie, ward Canonicus zu St. Mauritius in Mainz und im Jahre 1669 Pastor zu U. L. Fr. hier= selbst, bald darauf auch Official des erzbischöflichen Consistoriums. Er starb den 13. Juli 1692.

<hr />

45.

Jacob Schorb,

geboren zu Coblenz den 2. Februar 1809, bildete sich in Paris unter David als Bildhauer aus. Im An=

fange der 40er Jahre finden wir ihn in Rom, wo er nicht nur mehrere Büsten, als die von J. Görres, dem Erzbischof Clemens August von Köln, dem Minister Stein u. A., ausführte, sondern auch eine Statue von Moses, wie er dem Volke die Gesetze verkündet, verfertigte, die allgemeine Anerkennung fand. Unsere Stadt besitzt eine vortreffliche Marmorbüste von ihm, Johannes Müller vorstellend: sie ist mit einer Gipsbüste von Görres von Schorb in der Bildergallerie befindlich. Außerdem verfertigte er ein Crucifix von weißem Stein an der Liebfrauenkirche hierselbst, welches indeß keinen besondern künstlerischen Werth hat. In der Kirche zu Polch finden sich zwei Statuen von ihm: eine Maria und ein h. Johannes, im Hospital zu Kreuznach ein h. Johannes u. s. w. Schorb starb zu Coblenz den 21. März 1858.

46.

Johann Nepomuk Hubert von Schwerz

wurde in Coblenz den 11. Juni 1759 geboren. Sein Vater, ein Kaufmann, war aus Hadamar in unsere Stadt gezogen, nachdem er eine Coblenzerin, eine geb. Wiegand geheirathet; er bewohnte das Haus Görgenstraße 37, Ecke der Pfuhlgasse, welches auch das Geburtshaus unseres Schwerz war. Dieser besuchte das Gymnasium und ward für den geistlichen Stand bestimmt. Indeß übernahm er im Jahre 1780 eine

Hauslehrerstelle in St. Goar, welche er 1783 mit
einer ähnlichen bei dem Grafen von Renesse vertauschte.
Bei dieser Familie, welche meistentheils auf dem Gute
Elderen bei Tongern, nahe der Grenze von Brabant,
wohnte, blieb er 22 Jahre. Er übernahm nämlich
nach vollendeter Erziehung seiner Zöglinge im Jahre
1801 die Verwaltung des genannten Gutes, und von
dieser Zeit an widmete er sich mit dem größten Eifer
der Landwirthschaft. Er studirte dieselbe nicht nur
wissenschaftlich, sondern betrieb sie auch praktisch und
suchte durch Reisen seine Anschauungen zu erweitern
und Erfahrungen zu sammeln. Das Resultat seiner
Forschungen war sein erstes Werk: „Anleitung zur
Kenntniß der belgischen Landwirthschaft“, Halle 1807,
3 Bände, welches gleich als eine hervorragende, sehr
bedeutende Arbeit die größte Anerkennung fand und
auch bald in das Französische übersetzt wurde. Im
Jahre 1807 kam er in seine Vaterstadt zurück, schrieb
hier auf Veranlassung des Präfecten Lezay-Marnesia
größere Aufsätze in die Jahrgänge des „Handbuchs
für die Bewohner des Rhein- und Mosel-Departements“
und beschäftigte sich mit Versuchen im botanischen Garten
dieses Departements, der, unmittelbar vor dem Mainzer-
thore gelegen, an dem alten Vater Lenné den tüchtigsten
Leiter hatte. Auch redigirte er in Folge freundschaft-
licher Beziehungen zu den Verlegerinnen der jetzigen
Coblenzer Zeitung eine Zeit lang das damals nur
einmal wöchentlich erscheinende Blatt. Lezay-Marnesia
wußte unsern Schwerz richtig zu würdigen, denn als
er im Jahre 1810 nach Straßburg versetzt worden,

berief er unsern Landsmann dahin und schuf ihm zu
Ehren die Stelle eines Inspecteurs der Tabakspflan=
zungen. In dieser, eigentlich in das Gebiet der
Steuern fallenden Stelle studirte Schwerz den Tabaks=
bau nicht nur, sondern die ganze Landwirthschaft des
Elsasses, deren ausgezeichnete Beschreibung er im Jahre
1816 unter dem Titel: „Beschreibung der Landwirth=
schaft im Nieder=Elsaß“ herausgab. Die landwirth=
schaftliche Anstalt von Fellenberg in Hofwyl lernte er
1812, den Ackerbau der Pfalz im Jahre 1814 kennen;
seine Urtheile und Beobachtungen übergab er dem
Drucke in den Werken: „Beschreibung und Resultate
der Fellenbergischen Landwirthschaft zu Hofwyl“, Han=
nover 1816, und „Beobachtungen über den Ackerbau
der Pfälzer“, Berlin 1816. Indeß war er nach dem
Tode Lezay's in die Heimath zurückgekehrt und hier
vom Könige zum Regierungsrath mit dem Auftrage
ernannt, die Provinzen Westfalen und Rheinland in
landwirthschaftlicher Beziehung zu bereisen. Wie er
diesen Auftrag erledigte, beweist die Reihe von Auf=
sätzen, welche er schrieb, und die nicht nur in den
Mögliner Annalen von Thär aufgenommen wurden,
sondern auch späterhin als ein besonderes Werk er=
schienen (2 Bde., Stuttgart 1836). Diese für unsere
Gegend so ersprießliche Thätigkeit wurde durch Schwerz'
Berufung nach Würtemberg abgebrochen, wo er an die
Spitze einer höheren landwirthschaftlichen Lehranstalt
treten sollte. Auf seine Veranlassung wurde hierzu das
großartige Schloß Hohenheim bestimmt und im Jahre
1818 das Institut gegründet. Das Gedeihen und der

spätere Flor desselben war seine höchste Freude, ward
aber auch allgemein und von dem Könige insbesondere
durch Verleihung des Commandeur-Kreuzes des Ordens
der Würtembergischen Krone, womit der persönliche
Adel verbunden ist, anerkannt. Hier schrieb er sein
letztes landwirthschaftliches Werk: „Anleitung zum
praktischen Ackerbau", Stuttgart 1825, in 3 Bänden,
ein Werk, welches klassisch genannt zu werden verdient
und Deutschland zu hoher Ehre gereicht. Leider be=
gann mit seinem 70. Lebensjahre eine Gesichtsschwäche
sich so zu steigern, daß er seinem Amte nicht mehr
vorstehen konnte und seine Pensionirung nachsuchen
mußte. Demnächst kehrte er in seine Vaterstadt zurück,
um hier bis zu seinem Tode ein stilles, beschauliches
Leben zu führen, dessen Resultate er noch in seinen
„Betrachtungen über die 30 ersten Psalmen" und in
den „Beherzigungen der Lehre Jesu Christi" nieder=
legte. Sein Charakter war mild und wahrhaft herzens=
gut; eifrig in der Erfüllung seiner Berufspflichten
lebte er nur für Andere, und namentlich schlug sein
Herz für verwaiste Kinder. So wie er darauf ge=
drungen hatte, daß bei der Gründung von Hohenheim
Freistellen für 10 arme Waisenknaben gestiftet wurden,
so widmete er seine alten Tage ganz der Erziehung ver=
waister Kinder: zwei derselben waren fast immer um
ihn. Zuletzt ganz erblindet ertrug er sein Leiden mit
heiterm Sinn und frommer Zuversicht, bis ihn der
Tod am 11. Dezember 1844 von dieser Erde nahm.

J. N. Schwerz und A. Thär waren die Ersten,
welche dem Ackerbau eine naturgesetzliche Unterlage

gaben; sie erhoben die Landwirthschaft, die früherhin nur ein Gewerbe, zu einer Wissenschaft, der von nun an tüchtige Männer ihre Kräfte zu widmen nicht mehr unter ihrer Würde hielten. Schwerz' Name wird durch seine Werke bei den Männern der Wissenschaft sowie durch den nach ihm benannten Schwerz'schen Pflug bei den eigentlichen Bauern nie der Vergessenheit anheimfallen. Der hiesige landwirthschaftliche Verein, welcher auch im Besitz seiner Büste in Marmor, von Schorb ausgehauen, ist, bezeichnete sein Grab mit einem Gedenkstein, während von Seiten der Stadt die Grabstätte für immer unantastbar erklärt wurde. Mögen unsere spätesten Nachkommen seinen Namen wie sein Grab in Ehren halten!

47.

Johann Theodor von Senheim,

nach seinem Ordensnamen späterhin Otto genannt, ward in Coblenz geboren den 4. Juli 1601. Sein Vater war Friedrich von Senheim, der Bruder des Kanzlers Johann Simon, welcher Altenhof Nr. 13 wohnte und beider Rechte Doctor und Schöffe der Stadt war. Johann Theodor that Profeß in dem Kloster der Dominikaner zu Coblenz, ging dann zu seiner weitern Ausbildung nach Köln, wo er sich den Grad eines Doctors der Theologie und den Titel eines Professors erwarb. In seine Vaterstadt zurückgekehrt,

erregte er bald die Aufmerksamkeit des Kurfürsten Phi=
lipp Christoph, der ihn demnächst in seinen politischen
Verwicklungen zu allerlei Sendungen benutzte. Zuerst
sandte er ihn an die spanische Infantin Isabella, die
Tochter des Königs Philipp II., welche dieser kurz vor
seinem Tode mit dem Erzherzog Albert von Oestreich
vermählt und ihr die Niederlande zum Heirathsgute
übergeben hatte, dann an den allerchristlichsten König
Ludwig XIII. (Richelieu) selbst. Otto entledigte sich
seiner Aufträge zur größten Zufriedenheit seines ge=
strengen Herrn, der denn auch seine Wahl zum Weih=
bischof und Bischof von Azot in einem päpstlichen Con=
cil vom 23. Juli 1633 veranlaßte und trotz der Wider=
sprechenden durchsetzte. Otto erhielt aber bei den da=
maligen kriegerischen Zeiten seine Ernennung erst im
Jahre 1636 zu Köln, wo er sich auf Befehl Philipp
Christophs aufhielt, um in seinem und des Königs
von Frankreich Namen den Erzbischof von Köln zum
Anschluß an Frankreich zu bestimmen. Hier erlangte
er jedoch kein günstiges Resultat, und als er zu Schiff
zurückkehren wollte, ward dies von den Spaniern ge=
nommen und er mit um so weniger Schonung als
Gefangener behandelt, als er sein Ordenshabit abge=
legt und die gewöhnliche Kleidung eines Laien trug.
Er ward nach Jülich gebracht. Philipp Christoph gab
sich große Mühe, ihm seine Befreiung wieder zu be=
wirken, und wandte sich namentlich an den päpstlichen
Gesandten Caraffa; doch blieben auch dessen Bestre=
bungen vergeblich, und erst einem ernstlichen Begehren
des Papstes Urban VIII. wurde endlich entsprochen.

Otto war aber kaum befreit, als sein Herr selbst als
Gefangener nach Wien gebracht wurde. Mit der größ=
ten Ausdauer suchte er nun eifrigst den zwischen dem
Erzbischof und dem Domcapitel schwebenden Streit zu
schlichten, wofür ihn Philipp Christoph nach seiner
endlich erfolgten Rückkehr zum Domherrn ernannte
(1647). Otto aber widmete sich jetzt und namentlich
nach Philipp Christophs Tode unter dem Erzbischof
Karl Kaspar ganz seinen eigentlichen Berufsgeschäften.
So kam er denn auch im Laufe der Jahre zur In=
spection des Klosters nach Laach, und hier ereilte ihn
am 11. November 1662 der Tod. Seine Leiche ward
nach Coblenz gebracht und dort in der Mitte des
Chores der Dominikanerkirche beigesetzt. — Der Brief=
wechsel zwischen Otto und Philipp Christoph ist noch
vorhanden und gibt ein glänzendes Zeugniß über den
Verstand und die Fähigkeiten des Erstern, obgleich
derselbe nur ungern und gegen seine Neigungen die
Functionen eines Gesandten übernommen.

48.

Joseph Maria Settegast

ward in Coblenz den 27. Juni 1780 geboren. Er
stammte aus einer alten ärztlichen Familie: sein Groß=
vater Anton Franz war Professor der Medizin an der
ehemaligen Universität Trier, sein Vater der kurtrieri=
sche Hofrath Dr. Nikolaus Settegast, derselbe, welchen

wir als verdienten Lehrer am Jesuiten-Collegium
unserer Stadt durch Bischof von Hommer schon kennen
gelernt haben, und sein Oheim Dr. Modest Settegast
waren während langer Jahre beliebte Aerzte in unserer
Stadt. Joseph begann seine Studien in Mainz, setzte
sie 1800 in Jena und in Bamberg fort und beendigte
sie in Paris. Im Jahre 1803 begann er nach abgelegtem Examen als Officier de santé seine Laufbahn als praktischer Arzt und erwarb sich späterhin,
im Jahre 1816 noch in Marburg die Doctorwürde.
Als die Deutschen im Jahre 1814 in Coblenz ein-
zogen, gehörte er schon zu den geschätztesten Aerzten,
und so wurde ihm denn gleich die Leitung eines Mi-
litairlazareths übertragen, welche er mit großem Eifer
übernahm, aber sehr bald vom Kriegs-Typhus ange-
steckt wieder aufgeben mußte. Im Jahre 1816 dagegen ward er zum Physikus des Kreises Coblenz
ernannt, und im folgenden trat er als Rath in das
neugebildete Medizinal-Collegium. Als Physikus erwarb er sich durch die Klarheit und Einfachheit seiner
gerichtlichen Arbeiten das Vertrauen der Behörden und
übte in der Verwaltung durch seinen praktischen Verstand sowie durch sein persönliches Ansehen einen sehr
heilsamen Einfluß aus. Im Jahre 1843 ward ihm
der Charakter eines Geheimen Medizinalraths, 1853
der Rothe Adlerorden verliehen. Als sich indeß die
Beschwerden des Alters fühlbar machten, legte er im
Jahre 1851 seine amtlichen Stellen nieder, um seine
ganze Kraft allein wieder der Praxis zuzuwenden. Er
war ein glücklicher Arzt, welcher sowohl durch seinen

richtigen Blick, als durch das ruhige und besonnene Wesen am Krankenbett sich das Vertrauen sehr Vieler erworben und dasselbe in seltener Weise bewahrt hat. Eine Eigenschaft, wodurch Settegast sich rühmlich auszeichnete, verdient um so mehr hervorgehoben zu werden, als dieselbe leider heut zu Tage immer seltener wird: wir meinen sein ächt collegialisches Benehmen gegen andere Aerzte. Er hatte bei Consultationen stets nur das Wohl des Kranken vor Augen, kannte keine Nebenrücksichten, tastete nie den Ruf des andern Arztes an und erwies sich stets als ein wahrer Ehrenmann! Die Biederkeit seines Charakters, verbunden mit ruhiger Heiterkeit, machte Settegast zu einem liebenswürdigen Gesellschafter; er war überall beliebt, und sein Haus zeichnete sich durch edle Gastfreundschaft aus. Später zog er sich mehr in den engern Kreis seiner Familie zurück. Trotz seiner praktischen Thätigkeit suchte sein lebhafter Geist, seine rege Phantasie stets weitere Anregung, die dann in den Ereignissen der Zeit gefunden wurde. Lebhaft war die erste Jugend von den Ideen der französischen Revolution ergriffen, dann loderte die Begeisterung für die Freiheitskriege in helle Flammen auf, namentlich angefacht durch den sehr befreundeten Umgang mit seinem Schulkameraden Görres, dem er dann auch später in einer strengern Richtung folgte. Endlich erheiterte die Kunst seine spätern Jahre, wozu namentlich die Leistungen seines Sohnes Joseph, der sich der Malerei gewidmet, beitrugen. Nach längerm Krankenlager starb er am 9. Juni 1855, im 52. Jahre seiner ärztlichen Thätigkeit, im 74. seines Alters. Nach einem Bilde seines Sohnes Joseph besitzen wir ein von Knauth gut lithographirtes Portrait von Settegast, welchem wir noch oft in den Wohnungen seiner alten Freunde begegnen.

49.

Johann Arnold von Solemacher

ward geboren in Coblenz den 29. August 1657. Sein Vater, Johann, war Gerichts=Schöffe, kurfürstlicher Rath und geheimer Secretair, seine Mutter, Anna Katharina, eine geborne Trimps und Stiefschwester des k. k. Gesandten Kramprich von Cronefeld, den wir bereits kennen gelernt haben. Die Solemacher gehören zu den ältesten Familien unserer Stadt, in welche sie aus Neuß gezogen; daher führten sie anfänglich von dieser Stadt ihren Namen, wie denn noch als Pathe Johann Arnolds der Rath Arnold von Neuß aufge= führt wird. Der Vater, Johann, hatte bei der Wahl des Kaisers Leopold zu Frankfurt im Jahre 1658 das Protokoll geführt und später der Reichsversammlung in Regensburg beigewohnt und war dieserhalb in den Adelstand erhoben worden; er bewohnte das Haus in der Kornpfortstraße Nr. 6, welches denn auch das Geburtshaus Johann Arnolds war.

Johann Arnold studirte in Trier und ward daselbst im Jahre 1677 Licentiat der Rechte. Nach einem kurzen Aufenthalt beim k. Reichskammergericht in

Speyer erhielt er im Juni 1679 die Stelle eines Af=
fessors beim Hofgericht zu Coblenz. Bevor er indeß
somit in kurfürstlich Trierische Dienste trat, begab er
sich auf Reisen und verweilte namentlich in Italien und
Rom bis zum September 1680, zu welcher Zeit er
über Lyon nach Paris ging. In dieser Stadt blieb
er bis zum Mai 1681 und kehrte dann nach Coblenz
zurück, wo er neben seiner Assessorstelle als Secretair
beschäftigt ward. Sehr bald wurde er zum Hofrath
ernannt. Indeß, wohl in Folge einer Controverse, ging
er im Jahre 1685 in gleicher Stellung in kurkölnische
Dienste. Hier schwang er sich in rascher Folge bis
zur Würde eines Kanzlers herauf. Viele Verdienste
erwarb er sich um die Verwaltung des Kurfürstenthums
während der Abwesenheit des in die Reichsacht erklärten
Kurfürsten Joseph Clemens (1702—1714), bei dessen
Abreise er gleich von dem Domkapitel zum Geheimen
Rath befördert wurde. Aber auch der Kaiser nahm
seine Dienste in Anspruch: er übertrug ihm mehrere
Gesandtschaften, und ward er namentlich Abgeordneter zu
den Friedenscongressen in Nymwegen, Haag und Utrecht.
Unter Joseph Clemens' Nachfolger, dem Kurfürsten
Clemens August, ward er Kanzler des Erzstifts; indessen
sehr bald darauf folgte er einem Rufe des Kurfürsten
von Trier, Franz Ludwig, der ihm ebenfalls die Stelle
eines Kanzlers in seinem Lande anbot. Es bestimmte ihn
hierzu hauptsächlich der Wunsch, wieder in seine Vater=
stadt zu kommen, dann auch die Höhe der Besoldung, die
in 880 Thlr., 3 Fuder Wein, 24 Malter Korn, freier
Wohnung im Thal und Futter, Stallung und Beschlag

11

für 2 Pferde bestand. Auch hier war seine Wirksam=
keit eine erfreuliche und segensreiche, und seine Tüchtig=
keit fand allgemeine Anerkennung.

Im Jahre 1700 hatte Johann Arnold das Ritter=
gut Namedy gekauft und ward im Jahre 1718 von
Kaiser Karl VI. unter Hinzufügung des Namens und
Wappens der alten Familie Husmann von Namedy
in des h. Römischen Reichs Ritterstand erhoben. Von
ihm rühren unter Anderm auch die Pläne zu den
früheren Anlagen an dem Brunnen zu Tönnisstein,
welche von dem Kurfürsten Maximilian Heinrich in
kleinem Maßstabe begonnen, von dessen Nachfolgern
Joseph Clemens und Clemens August sehr erweitert
und verschönert wurden.

Se. Excellenz der kurtrierische Geheime Staatsrath,
Hofkanzler und Revisions = Director J. A. Edler von
Solemacher starb, 76 Jahre alt, den 17. November
1734, aus seiner, im November 1682 geschlossenen Ehe
mit Maria Elisabeth von Steinhausen von 15 Kin=
dern noch 6 hinterlassend, von denen nur ein Sohn,
Johann Hugo, die Familie fortpflanzte. In der Kanz=
lerwürde aber folgte ihm der Gemahl seiner Tochter
Maria Theresia: Johann Matthias von Coll, magni
soceri dignissimus gener et successor, wie ihn v.
Hontheim bezeichnet.

50.

Henriette Sontag

ober, wie sie eigentlich hieß, Gertrudis Walburgis, ward geboren zu Coblenz den 3. Januar 1806, und zwar in dem Hause Entenpfuhl Nr. 1 (am Plan). Ihr Vater, Franz Anton, war Mitglied einer wandernden Schauspielergesellschaft, ihre Mutter eine geborne Markloff; Pathin war eine Nachbarin, Fräulein Gertrudis Löf (späterhin verehelichte Heinzius); der Goldarbeiter Joachim unterschrieb als Zeuge den in die Civilstandsregister eingetragenen Geburtsakt. Frühzeitig betrat die Kleine das Theater, mit 15 Jahren debütirte sie bereits als Sängerin in Prag, und hier vertauschte sie auch ihren eigentlichen Namen Gertrudis gegen den feinern: Henriette. Darauf in Wien angestellt, wirkte sie bei der deutschen und italienischen Oper zu gleicher Zeit, kam aber dann im Jahre 1825 an das neue Königstädter Theater in Berlin, wo sie ungemein gefiel, den Grund zu ihrer spätern Berühmtheit legte und zur königl. Hof- und Kammersängerin ernannt wurde. Auch in Paris und London ärntete sie späterhin den größten Beifall, und sie stand auf dem Gipfel ihres Ruhmes, als sie im Jahre 1829 den damaligen Geschäftsträger des sardinischen Hofes in Paris, den Grafen Rossi, heirathete. Sie folgte demselben im Laufe der Zeit auf seine verschiedenen Gesandtschaftsposten in den Haag, nach Petersburg und Berlin.

Pecuniäre Verhältnisse nöthigten sie indeß im Jahre
1848 nochmals öffentlich aufzutreten. Sie hatte sich
bis zu ihrem 24. Lebensjahre ein Vermögen von
200,000 Rthlr. erworben und außerdem in ihrem
Schmuck einen reichen Schatz. Indeß nach dem theuern
Leben in Petersburg und einigen Verlusten in Papieren
glaubte sie ihren Kindern kein hinreichendes Vermögen
zu hinterlassen und ging ein Engagement ein, welches
in 56,000 Rthlrn. für die Saison, freier Wohnung,
freier Equipage rc. bestand. Sie machte eine Tour
durch Frankreich, England und Deutschland und be-
rührte im Jahre 1851 auch unsere Stadt. Zum Vortheil der Armen gab sie hier am 16. Dezember ein
Concert im Theater, in welchem sie ein überaus zahl-
reiches Auditorium durch ihre liebliche Stimme und
ihre persönliche Liebenswürdigkeit wahrhaft bezauberte.
Sie sang in demselben ein Schweizerlied, Polka-Varia-
tionen und die Partie des Gabriel in der „Schöpfung“.
„Den Beifall, der der hochgefeierten Künstlerin dabei
zu Theil ward, zu schildern, müssen wir uns versagen,
— sagt der Referent der Coblenzer Zeitung vom 18.
Dezember 1851, — denn kaum möchte in den Räumen
unseres Kunsttempels je ein ähnlicher gehört worden
sein. Abends brachten ihr die Sänger unseres Musik-
Instituts im Verein mit dem Musikcorps des 25. Re-
giments ein Ständchen, bei welchem ein von Hoffmann
von Fallersleben eigens für diesen Zweck verfaßtes Lied
nach einer Mendelssohn’schen Melodie gesungen wurde.“
Es war folgendes:

Sei gegrüßt mit Sang und Schall,
Königin im Reich des Klanges,
Meisterin des deutschen Sanges!
Frühling wird es überall,
    Wo Du singst, o Nachtigall!

Unser Dank ist nur ein Klang;
Du mir kannst in Deinen Liedern
Schöner unsern Dank erwiedern,
Doch uns treibt des Herzens Drang:
    Sei gegrüßt mit Sang und Klang!

Lebe glücklich! lebe lang!
Alles Schöne, was Du singest,
Jede Freude, die Du bringest,
Ziere Deines Lebens Gang!
    Sei gegrüßt mit Sang und Klang!

Aber hiermit nicht genug: unter'm 20. Dezember machte in genannter Zeitung ein Enthusiast seinen Gefühlen noch mit folgendem Verslein Luft:

Sangeswonne
Geistessonne!
Deine Gaben
Arme laben; —
Himmelsfrieden
Dir beschieden!!!

„Gut gebrüllt, Löwe!“ Da durfte denn auch eine Charade unseres alten Freundes, Karl Doll, nicht fehlen, der stets seine zahlreichen Räthsel mit dem Wahlspruch: „Nie der halt bejahrte Karl die Trauben floh!“ unter der Vermummung: „Nieder= halt, bei Ahrte; Karl Dietr. Aubenfloh!“ vom Stapel laufen ließ:

Erste Silbe.

Wer nennt sie mir, die weit gedehnte Höhe,
    Gar mancher Waldstrom braust durch Felsgesteine,
    Manch' alte Burg ragt aus der Nacht der Haine, —
Sucht' in der Fern' nicht, sucht in der Nähe.

Zweite Silbe.

Wer nennt den Tröster mir, nach dem voll Wehe
    Der Kranke seufzt in langer Nacht, alleine,
    Und sehnlich hofft, daß bald der Freund erscheine
Und er sein freundlich Lächeln wiedersehe —?

Das Ganze.

Wer nennt die Zaub'rin, die, wie Geisterwallen,
    Naht und verschwindet, spendend gold'ne Labe,
    Stets schöpfend sie aus reicher Wunderquelle —?

Und seht! die Quell' — leicht, silbern, Well' auf Welle,
    Gewaltig, — — fleuß' noch fort, du Himmelsgabe,
Den Darbenden zur Lab', zur Freud' uns Allen! —

Und die Auflösung folgte schnell:

>   — — — Es ist die hehre Himmelsgabe,
> Die fleußt gewaltig, silbern, leicht, —
> Und Sontag heißt sie — gold'ne Labe
> Die Zaub'rin den Dürst'gen reicht.
>
> Son *) heißt die waldgekrönte Höhe
> Mit mancher Burg auf Felsgestein,
> Und Tag der Freund, der scheucht das Wehe
> Des grausen Siechbetts oft allein. — —

Man sieht deutlich Anflüge einer höhern Poesie,
wie sie schon früher in Berlin selbst geblüht. Die

---

*) Soll heißen Soon.

Vossische Zeitung vom 20. September 1826 enthält
z. B. folgendes Gesingsel:

> „An Demoiselle
> Singe fort, lieblich reizende Schöne,
> O wie entzückend sind Deine Töne,
> Nachtigallstimme hör' ich klingen,
> Tief im liebkranken Herzen sie dringen.
> Allzuschöne laß klingen Deine Lieder,
> Gehst Du von uns, nie Freud' kehrt wieder!"

Solche Poesie ist allerdings nicht mit Gold zu be=
zahlen! Da wollen wir denn lieber wieder die Prosa
folgen lassen und von der Einnahme des Concerts
erzählen, daß sie trotz der hohen Preise — Loge
2 Thlr., Parterre 1 Thlr. — nur eine verhältniß=
mäßig geringe war. Die größtentheils enorm hoch
berechneten Kosten schmälerten den allerdings bedeuten=
den Brutto=Ertrag auf eine Weise, die für den Wohl=
thätigkeitssinn der Betheiligten eben nicht das erfreu=
lichste Zeugniß ablegte.

Henriette setzte ihre Reise fort und ging im Jahre
1853 nach Amerika; dort ward sie mitten in ihren
Triumphen, die auch in diesem Welttheil ihre Kunst
errang, ein Raub der Cholera, die sie am 17. Juli
1854 in Mexico hinwegraffte.

Treffend wurde die Sontag von der berühmten Ca=
talani in folgendem Wortspiel charakterisirt: »Elle est
grand dans son genre, mais son genre n'est pas
grand.« Ihre Hauptrollen waren die Italienerin in
Algier, das Fräulein im „Schnee", Rosine in Rossini's
„Barbier", Cenerentola, Euryanthe ꝛc., so wie als

größte Leistung von ihr hervorgehoben wurde, daß sie
in »Cosi fan tutti« in dem Duett »a guarda sorella«
das hohe a acht ganze Takte lang mit außerordentlicher
Stärke ausgehalten!

Der „Sontags-Enthusiasmus" war enorm. Daß
man einer Sängerin die Pferde ausspannt und selbst
an die Stelle dieser Thiere tritt, kommt wohl noch
vor, aber daß man einen königlichen Extrapostwagen
in den Fluß wirft, nachdem die Gefeierte ausgestiegen,
weil „kein Sterblicher mehr würdig, den Wagen zu
benutzen," wird wohl nicht mehr vorkommen. Dieser
Enthusiasmus wurde denn auch zur Zeit vielseitig
persiflirt. Karl von Holtei schrieb einen einaktigen
Schwank: „Die deutsche Sängerin in Paris," welcher
aber die kleine Novelle: „Henriette, die schöne Sängerin," von Freimund Zuschauer (Rellstab), nicht entfernt
erreichte. Letztere machte in Berlin das größte Aufsehen, da manche bekannte Persönlichkeit scharf mitge-
nommen wurde und ein kernhafter Witz darin vor-
herrschte. Die Damen trugen alles Mögliche à la
Sontag; Fächer à la belle Chanteuse hieß eine Art
geschmackvoller Fächer mit dem Bilde der Sontag als
Italienerin in Algier. Da meinte Saphir, es sei billig, daß die Schöne, die so viel Gluthen entzündet, sie
wenigstens bildlich kühle, sowie die Fächer auch ein
sinniges Symbol seien, daß die Sontag in allen Fächern
ausgezeichnet! — Doch wohin verirren wir uns!

51.

Franz Spohn,

geboren in Coblenz den 24. Juli 1776, war ein Zim=
mermann seiner Profession, der späterhin als Rempla=
çant oder Stellvertreter zu dem 36. französischen Linien=
Regiment kam.   Von ihm singt J. J. Reiff:

Singt ihr von jenen Helden,
Verdient um Volk und Thron,
So soll mein Lied euch melden
Vom Heldenjüngling Spohn.

Er stand auf fernem Posten
In der Dezember=Nacht,
Eh' noch im düstern Osten
Der blut'ge Tag erwacht.

Und sonder Furcht und Zagen
Stand rings die Heeresmacht,
Bereit, am Tag zu schlagen
Die Austerlitzer Schlacht.

Er dachte treu der Seinen,
Möcht' gern bei ihnen sein,
Wo traulich sich vereinen
Die Mosel und der Rhein.

Die Waffen in dem Arme,
Das Kreuz auf seiner Brust,
Schlug ihm das Herz, das warme,
Voll Muth und Kampfeslust.

Da hört er, daß verwegen
Sich ihm ein Reiter naht;
„Wer da!" ruft er entgegen. —
„„Dein Kaiser, Kamerad!""

Und weiß von Schneeflocke
Hielt vor ihm wohlgemuth
Der Mann im grauen Rocke
Und welthistor'schen Hut.

Da blinken Feindsgeschosse
Den Hügel rings herauf;
Der Kaiser steigt vom Rosse,
Der Jüngling schwingt sich d'rauf.

„Auf Feinden sich zu betten,
Das ist des Kriegers Pflicht;
Den Kaiser muß ich retten!" —
Er spricht's und zögert nicht.

Ihn trägt des Kaisers Schimmel,
D'rum lacht er der Gefahr,
Und stürzt sich in's Gewimmel
Der Don'schen Reiterschaar.

Und trotz der Wunde Schmerzen
Kämpft er mit Löwenmuth,
Bis seinem rhein'schen Herzen
Entströmt sein rheinisch Blut.

Vor Freude jauchzt sich heiser
Der Feind voll Rachegier,
Er glaubt den großen Kaiser
Im braven Grenadier.

Der Kaiser war gerettet
Zur Schlacht beim Morgenroth,
Der Jüngling lag gebettet
Auf Feindesleichen todt.

Genauer faßte K. Simrock die von ihm selbst aus
dem Munde früherer Mitbewohner unserer Stadt ge-
schöpfte Thatsache auf:

Man kennt in Coblenz und im Thal
Noch Spohn, den großen Corporal.

Was that der Spohn, daß man ihn kennt?
Verdient er wohl ein Monument?

Der Spohn war ein getreuer Mann
Getreuern Niemand finden kann.

Seinem Kaiser diente treu der Spohn,
Sein Kaiser hieß Napoleon.

Der hatt' in der Dreikaiserschlacht
Sich vorgewagt mit Unbedacht.

Da ward er plötzlich angesprengt,
Von Feinden rechts und links bedrängt.

Kosaken sind's; auf schnellem Roß
Entflieht der Kaiser vor dem Troß.

Hier aber hemmt Gebüsch den Ritt:
Der Kaiser ist des Lebens quitt.

Das sah der Spohn, der war nicht faul:
„Herr Kaiser," rief er, „mir den Gaul,

Mir den berühmten eck'gen Hut,
Flieht, eure Rolle spiel' ich gut!"

Zur Erde sprang Napoleon,
Auf seinem Schimmel saß der Spohn,

Den eck'gen Hut wohl auf dem Haupt;
Der Feind sich nicht betrogen glaubt.

Er sprengt heran und jauchzt dem Fang
Und sieht zu spät, daß er mißlang.

Als sie den Corporal nur schau'n,
Da ward der Spohn zusammengehau'n.

Der Kaiser lief in schnellem Lauf,
Hatt' einen Corporalshut auf.

Von dieser Zeit, hört' ich einmal,
Hieß er der kleine Corporal.

Der große Corporal war Spohn,
War größer als Napoleon.

Was bedarf es hiernach noch weiterer Angaben? Der Rheinische Antiquarius berichtet noch, daß „der Grenadier, nicht Corporal Spohn" in der Schlacht von Austerlitz am 2. Dezember 1805 tödtlich verwundet, am 13. Januar 1806 gestorben sei. Obgleich dies der Wahrheit der Dichtung nicht im Entferntesten entgegentritt, will doch der Rheinische Antiquarius dieselbe nicht gelten lassen, und zwar weil er 1) Napoleon für unfähig hält, ohne Bedeckung bis zu den Pikets der Kosaken vorzugehen. Napoleon war aber zu Allem fähig, also auch 'mal zu einem solchen Vorgehen, von dem übrigens gar nicht gesagt ist, daß es mit oder ohne Bedeckung geschehen. Dann aber 2) sei Spohn nicht Corporal, sondern bloß Grenadier gewesen. Kann aber unser verehrter Antiquarius mit Sicherheit behaupten, daß Napoleon beim Wechseln der Hüte nicht ein »Merçi, Corporal!« gesprochen? Da er dies gewiß nicht kann, so erscheint die Angabe vollkommen gerechtfertigt, daß nur Spohn's Tod seine wirkliche Beförderung, auf welche er als länger Gedienter, als Remplaçant, überdies zählen konnte, verhindert habe.

„Der große Corporal war Spohn,
War größer als Napoleon!"

Da dürfen wir doch nicht das geringste Bedenken
tragen, ihn unter die großen Männer unserer Vater=
stadt zu zählen!

52.

Johann Peter von Trarbach

ward geboren in Coblenz im Jahre 1651. Er war
ein ausgezeichneter Jurist, wie kein zweiter am ganzen
Rheinstrom zu finden, und dreier Kurfürsten Geheimer
Rath. Zuletzt Kanzler, starb er, 73 Jahre alt, am
30. April 1724 und ward in der Kirche zu U. L. Fr.
begraben.

53.

Johann Urbarius

ward im Jahre 1576 zum Abte der Cisterzienser=Abtei
Rommersdorf gewählt. Er bekleidete dieses Amt bis zum
Jahre 1595, wo er sich zurückzog. Er starb 1618.

54.

Johanna von Weissenthurn

ward im Jahre 1773 zu Coblenz geboren. Da ihr
Vater, Benjamin Grünberg, erst bayerischer Officier,

dann aber ein herumziehender Schauspieler war, ist es
erklärlich, daß sich in den Taufregistern der Pfarr=
ämter Johanna nicht eingetragen findet. Als der Vater
starb, hinterließ er Frau und 6 Kinder in der größten
Bedrängniß. Johanna, die älteste Tochter, war kaum
10 Jahre alt. Die Familie gab indeß Vorstellungen,
indem die talentvollen Kinder die beliebtesten Stücke
aus Weiße's Kinderfreund aufführten. Von einem
Orte zum andern wandernd ward die 14jährige Jo=
hanna zufällig von dem Intendanten des Münchener
Hoftheaters gesehen und für dasselbe engagirt. Zwei
Jahre später ging sie nach Wien und wurde hier bei
dem Hoftheater angestellt, auf welchem sie im October
1789 zum erstenmal auftrat und nach und nach in
den Besitz aller Rollen der ersten Liebhaberinnen ge=
langte. Bei ihrem ersten Debüt war der schon sehr
leidende Kaiser Joseph II. zum letzten Male im Theater.
Später übernahm sie ältere Rollen mit gleicher Meister=
schaft; sie spielte u. a. im Jahre 1809 auf dem Schloß=
theater zu Schönbrunn vor Napoleon die Phädra, und
zwar mit solchem Beifall, daß der Kaiser ihr durch den
Marschall Duroc ein Geschenk von 3000 Francs zu=
stellen ließ. Im zweiten Jahre ihres Aufenthaltes in
Wien hatte sie Herrn von Weißenthurn, der als Kas=
sirer im Arnstein'schen Banquier=Geschäfte angestellt
war, geheirathet und seitdem ihre günstigere Stellung
dazu benutzt, um sich in wissenschaftlicher Beziehung
auszubilden. Demnächst trat sie als dramatische Schrift=
stellerin auf und schrieb im Laufe der Jahre eine große
Zahl von Schauspielen, die sich alle durch glückliche

Erfindung, richtige Charakterzeichnung, Witz und Laune auszeichnen. „Der Wald bei Hermannstadt" war ein Zugstück aller Bühnen und, in sieben Sprachen über= setzt, über ganz Europa verbreitet. Ebenso „die Er= oberung von Smolensk" und viele kleinere Stücke, als: „Deutsche Treue", „Erste Liebe" u. a. m. Ihre Schauspiele erschienen in 14 Bänden — es sind etwa 60 dramatische Arbeiten, alle bühnengerecht und an= ziehend, wenngleich ohne höhern poetischen Gehalt. Auch schrieb sie Erzählungen in Prosa für Zeitschriften und Taschenbücher, z. B. „die arme Lise" im 1. Jahrgang der „Aglaja", eine Novelle, die sehr gefiel. Ihre sämmtlichen Werke sind in 14 Bänden erschienen, Wien 1810—1829. Kaiser Franz gab ihr im Jahre 1829 die kleine, Kaiser Ferdinand bei Anlaß ihres Jubiläums die große goldene Ehrenmedaille. Nachdem sie sich im Jahre 1841 vom Theater zurückgezogen, starb sie den 18. Mai 1847 zu Hietzing bei Wien.

Nachträge.

Seite 55 ist einzuschalten:

Nauräthche: Einer, der genau, sparsam ist. „Dat es ä Nauräthche, bä seht of jede Grosche!"

Mögen sich hieran noch einige „Stückelcher" reihen!

Dä Owerpräsedent v. P.=E. ging emol en bä Anlage met seinem Hündche spazehre, ohne dat Deerche an 'nem Sailche zo föhre. Et dauerte och net lang, do kom ainer von der Vollezei on soht em, bä Honb mößt angebonne were. To mainte bä Hähr, bä Honb wär em su anhenkelich, dat ä net von seiner Seit ging! „Dat well ech gäre glawe," soht bä Vollezist, „ower von bem moralische Strick stitt nir em Gesetz!"

Am Vollezei=Gericht wor Ainer vur, bä Aiche Dill gestohl hatt'. To wor bann vill von bä Aiche Dill die Reb, on boch wost aine von bä Richter net, wat bat eigentlich wor. Trom wanbt' ä sech an bä Präsebent on frug ben: „Sagen Sie mir boch, Herr Präsident, was sind denn Aiche Dill?" — „Mein Gott," gof bä zor Antwort, „bat weren Se boch wohl wesse: Aiche Dill sein Danne Boorb!"

Owig der Bröck, wu alleweil die Anlage sein, leg bicht am Lann en Flubtz. To kom en Hähr vorbeigeritt, bä reef bä Flühtzer zo: „Sagt 'mal, Leute, ist der Rhein noch am Wachsen?" Do reef ainer von bä Flühtzer: „Tat kannst bau so von beinem Roßbayer (Roß Bayard) besser sehn, als mir: boh bein Aue of!" Dä Hähr gof seinem Perb die Spure on hat sech aus bä Bunne gemacht. „Kowes," reef en annere seinem Komerab zo, „waißt bau och, wer bat wor?" — „Naa!" — „No, bann well ech b'r et sohn: bat wor bä Prinz von Hesse!" — „Tä Kuhr= prinz? No, bann wor et als got, bat ech em kain growe Ant= wort gewe hann!"

Off der Mussel, wu? waiß ech net mieh, stonn vur Zeite emol ä Babbäusche, bat arg frequentert wore es on sech beswege zo klain erwiß. Om bem Uewelstann abzohelfe, gof bä Vorge= maister bä Roht, noch en Stock brof zo setze.
